思春期サバイバル

10代の時って考えることが多くなる気がするわけ。

ここから探検隊
kokokaratankentai
制作

発行=はるか書房　発売=星雲社

はじめに

まず、なんで、この本を出そうと思ったか、という話。

何年か何十年かさかのぼって、うちらが一〇代だったころ、こんなことを考えてた。


サイン　コサイン　タンジェント　シータ！

（シータっていったらラピュタじゃん）

マイナス×マイナスが、なんでプラスなの？

（0から5を引くとかもわかんない。ゼロから引くものなんてないじゃん）

794《なくよ》うぐいす……なんだっけ？

（年号とか覚えられないよ）


これって、自分にとって何の意味があるの？　ってゆーか、自分にとって意味あるものって何？

平均寿命が八三歳ぐらい。それまで生きていく自分、ちょっと想像つかないや。

どんな人になるんだ？　どんなふうに金稼ぐんだ？

ってか、大学行くのか？　ってか、大学って何すんだ？

何がしたいって言われても、いろいろありすぎて不明。何を基準に決めたらいいんだろう。

できれば何もしたくない（笑）。

そもそも、人生が長すぎる。ってゆーか、それより今日だよね、今日！

今、なにかと親とケンカ中。友だちんちに泊まろうかなー。フツーにカラオケ行きたい。あ、金ない（涙）。

問題山積み。しゅーりょー、って終わることができればいいけど、終わらない！

だって、生きてるし。生き続けるし。

それよりテストの勉強しないと、結果がヤバイ。

でも、何のためにテストってあんの？　自分に関係あんの？

謎は深まるばかりだけど、とにかく誰かと付き合いたい（笑）。

今、考えてること――。家のこと、友だちのこと、先生のこと、自分のこと、好きな人のこと……それだけで、けっこういっぱいいっぱい。

テストどころじゃねーし、将来どころじゃねーし。

自分が何であっても、何が好きでもいい。

わからないことは、今すぐにわからなくてもいい。

決まらないことは、今すぐに決めなくてもいい。

誰かに話しても、話さなくてもいい。


荒波に船を出すと、転覆！

安全に船を出すために、波よ静まれ！

Have a Nice Trip!


そもそも、今日どこに行こう？

もう、自分、意味不明！（笑）

誰かと一緒にいたいけど、誰とも一緒にいたくない！

……結果、一個一個、考えていくしかないということに気づく。

困る。めんどくさい。

でも、まぁ仕方ないから、一個一個考えたわけよ。

今でも考えてることもある。わからないこともある。

一〇代の時って、考えることが多くなる気がするわけ。

とりあえず、「ちょっと今、混乱」って時は、いったん落ち着いて考えたい。

「今、考えていることってどういうこと？　自分のこと？　自分の周りのこと？

将来のこと？」

この本は、みんなで考える本。わかったこととか、気づいたことを、共有する本。

答えはないんだけど、けっこうみんな同じようなことを考えてたりするから、とにかく一緒にワイワイ騒ぎながら考えてみる本。

しばし、ご一緒させてくださいな！

第3章　ちょっとめんどくさい自分

第4章　未来地図を描く

第1章

"今日も、あしたも、アサッテも"

I　誰といる？　誰とつながる？

1 「やりたいことは何ですか？」って何ですか？

よく、「やりたいことを見つけなさい」って言われる。でもさ、「やりたいこと」なんて言われても、よくわかんないんだよね。アイドルとかスポーツ選手とか、やってみたいけど、あまりにも現実離れしてる「夢」でしょ。ネイルアーティスト？　すごい家をデザインしちゃうような一級建築士？　そんなのになれるのも、ひと握りの人でしょ？　アルバイトだったり、契約社員だったり、派遣《はけん》社員だったりで、それだけで食べられるの？　世の中さ、「やりたいこと」を仕事にできてる人って、どれぐらいいるの？　うちの父親が営業してたり、母親がレジ打ってたりしてるのって、「やりたいこと」だったの？

しかも、もし「やりたいこと」が見つかったとしても、それをずっっっとやる！なんて、誰にも約束できないよ。それは、無責任？　いや、むしろ現実的だと思う。やりたいことって変わってくよ。一生は長いんだもん、世の中だって変わるでしょ。

大学に行ったら良い企業に入れるって時代じゃないし、リストラってのもあるんでしょ。まぁ、そもそも学歴なんてあきらめてるけどさ。学歴なんかなくたって成功できるとかさ、学歴なんて関係ないってよく言うけど、それって本当？　たしかに、学

コンドームの正しいつけ方は、岩室紳也さんの「紳也'sホームページ」http://homepage2.nifty.com/iwamuro/に載ってるよ。

歴がなくたって、いろんなアイディア出して、がんばって「成功」してる人がいることも知ってるけどさ。自分にはそんな人と違ったアイディアなんかないしさ。情熱を傾けられる「やりたいこと」もないし、そこに情熱を傾けられるだけのお金も時間もない。とにかく、毎日学校の時間をやりすごしたら、バイトしなきゃ。部活？　そんな余裕ないんですけどー。

結婚？　将来、大好きな人がいたら、したいなーって思うけど。男女だったら結婚できるよね。でも同性同士だと、まだ結婚できないよね。何でなんだろう？

子どもをもつか、もたないかもさ、相手とちゃんと相談しなくちゃだし、望んでても子どもができない場合もあるわけじゃん。これぱっかりは、わかんないよね。ただ、子育てって、すっごく大変そう。それ以上にものすごく大きな喜びとかもあるんだろうけど、すっごいお金かかりそうじゃん。一人育てるのにいくらかかるの？　自分らでそれ稼げるの？　稼ぎながら育てられるの？　そんなんだから、学校では避妊《ひにん》とか教わるんだろうけど、コンドームつけなさいぐらいだよね。

コンドームって、どうやってつけるの？　正しくつけなさいって言うけど、何が正しいのか知らないし。相手がつけたくないとか言ってきたら、どうやって答えればいいの？　そういうことのほうが知りたいんですけど。

みんな、自分の人生設計、どこまでできてるんだろう。みんな、どうやって「やりたいこと」を探してるの？　「やりたいこと」なんてないんだけど。そんなの、そう

簡単に見つからないんだけど。

そういえば、うちの親の職場ってどんなところなんだろう？　そういえば、友だちの親ってどんなふうに働いてるんだろう？　うちのご近所さんは？　うちの町って、どんな仕事があって、誰がどんなふうに働いてるの？　この前卒業した先輩って、どこでどんな仕事をしてるの？　そこで何を感じて生きてるの？

「フッー」のおとなたちって、どんな人間関係のなかで、何を感じながら、どうやって生きてるの？　自分みたいな何の取り柄もない「フッー」の人間は、「がんばれば何でもできる！」なんて言葉じゃなくて、多くの人たちがどんなふうに生きているのかを知りたい。その人たちの言葉を聞きたい。きっとそこには、いろんな生き方があるはずなんだよね。

もちろん死んじゃいたいぐらい苦しくて悲しいことや、すっごく大きな、またはとっても小さな喜びや、失敗したことや成功したこと、回り道や近道があると思うんだけど、なんだか全然見えてこない。それって自分らの努力不足？　自分らの責任？　親の責任？　学校？　社会？　国？

とにかく、自分たちの今いる世界を見たいんですけど！　じゃないと、「やりたいこと」なんてわかんないんですけど！

2 親って勝手！

なんで親って謝らないんだろう。自分が親になったら絶対ちゃんと謝る親になるんだ。殴るなんて問題外！

子どもの部屋に勝手に入るのは親であっても反則だってことを、親もちゃんと学んでほしいよね。

家に帰れば親がいる。ほとんど毎日顔を合わせる。必要があるから言葉を交わす。だからこそ、いろいろメンドイこともたくさん出てくる。意見が合わないことだってある。思いが通じない時だってある。だって、親子といえども違う人間なんだもん。本当は家では安心したい。穏やかでいたい。そう思ってるんだけどね……。

＊＊＊

昨日、父親に殴られた。体育祭の応援団の出し物のことで、先輩から高校の学ラン借りなきゃいけなかったから、公園で会ってたら、たまたま帰宅する途中の父親に見られた。「あんな時間に何でこそこそ男と会ってるんだ」って言うから、「だって先輩、部活やって帰りは八時だし、仕方ないじゃん。応援団の出し物は内緒だったから、公園で会ってたんじゃん」と説明。父親は自分が早合点《はやがてん》したことに気がついたみたいなのに、謝らない。結果、「言い訳するな。男との交際は認めない！」だって。なに、それ（笑）。

＊＊＊

勝手に俺の部屋に入るなって言ったのに、母さんがいきなり入ってきた。マジあせった。あわててドアを閉めて、「最低！　俺にはプライバシーないのかよ」って叫んだ。母さんは「ゴミ箱、片づけなさいよ」だって。その日から、なんか気まずい。

今日帰ったらエロ本がない。うわぁ、母さんの仕業《しわざ》だ。「掃除は自分でするから部屋に入らないで」って言ったら、「勉強部屋に必要ないものは捨てた」だって。「俺の

そもそも、子どもとおとなでもっている言葉の数が違うんだって。

部屋だぁ」と怒鳴ると、「母さんと父さんが建てた家なんだから」って言い返された。たしかにそうだから言い返せないよ、それ言われちゃうと。「家出してやる」って言っても、「行くとこないくせに」と言われ、すげームカツクから、部屋の壁ボコボコにしてやった。俺の部屋だけど。

＊＊＊

またママに彼氏ができた。うーん、モテるっていうか。ちょっと若く見えるのと、男選ばないからじゃないの。だって、幼稚園のころに本当のパパと別れてから、何人もの男と付き合ってるけど、みんなタイプ違うもん。
　こんどの人は私にもやさしいから五〇点かな。点数つけられない男もいたよ。私のこと急に触ってきたり。それなのに、私に彼氏ができたら、しつこくどんな男か聞くの。会わせろとか言うの。まだそんな関係じゃないしって言うと、エッチしたら別れられなくなるから、その前に判断してあげるって。ママに男見る目あるとは思えないし、彼氏のことといじられそうだし、絶対会わせたくない。会わせないと付き合いを認めないって言うけど、私一度もママの交際を認めたわけじゃないのに、なんか不公平。おとなってイヤだ。

＊＊＊

　妹とケンカしてると仲裁《ちゅうさい》に入った母親が、中学生にもなって小学生相手にみっともないって言った。小学生っていったって、二歳しか違わないのに。両親がケンカしている時には、いつも私が仲裁に入ってあげているのに。

妹は反抗期らしく、いつも私に絡《から》んでくる。今日も妹が泣いたから、「お姉ちゃんのくせに」と母親にまた叱られる。今日は、圧倒的に妹が悪いから姉として意見を言っていたら、妹が泣き出しただけなのに。夫婦ゲンカの仲裁の時、私は父と母の意見を聞いて、うまくジャッジしているのに。母はいつも一方的に私を悪者扱い。不公平だから、よけいに妹が憎たらしくなる。

＊＊＊

それって「教育虐待《ぎゃくたい》」だって知ってるの？

勉強しているとほめてくれるのに、できないとバカ扱い。塾や習いごとばかり強制される。うちのこと、学校や塾での成績でしか評価してくれない。

うちは親の持ち物じゃないよ。毎日見張られていて、息苦しいよ。窒息《ちっそく》しそう。

こういうの「教育虐待」っていうんだって、親にも知ってほしい。

3
教師ってウザイ

高校の時、大学に行こうと思って、学校推薦っていうのに申請《しんせい》した。学校で、内申書をつくってもらい、提携している大学に推薦してくれれば、大学に入学できるっていうシステム。私は成績がいいほうだったから、この制度を利用できると思って、書類を用意して提出した。髪の毛も一応黒く染めた。

二週間後、担任の先生に呼ばれた。職員会議の結果、推薦できないっていうことだった。

えー！！！　なんでだよ。私は課外活動をすごいやってて、学校にあんまり行ってなかった。だからかな。遅刻、早退してたし。あんまり学校に行きたくない時はカフェにいたりしたし。保健室に自分の居場所あったし。それか？　それがダメだったか？　でも、だから勉強だけはちゃんとやっとこって思って、がんばったんじゃん。ほとんどオール5じゃん。おい、なんでだよ。説明しろ。——というようなことを冷静に伝えた。すると、担任は言った。

「内申点には二つあって、学力と、態度。あなたは後者がよくない」と。

……やはりか。そうか。それか。そうだよな。わかるよ。決まってしまったことは決まってしまったことだ。そう、割り切れるものではなかったけど。だから、「学校は、私を認めてくれなかったということですね」という言葉になった。それを聞いて、担任は泣いた。なんであなたが泣く。泣きたいのはこっちだ。「……私はあなたのいいところも見てるから！」と、強く主張された。なんだか笑いたくなった。

その後、一般で受かったんだ。卒業式の時に、明らかに学校推薦を決める職員会議に関わってた別のクラスの先生に会った。そしたら、「よかったわね！　合格したのね！　私はあなたには力があると思っていたわ」と泣き出した。だから、なんであなたが泣く。あなたがたが推薦しないって言ったんだろ。なんだか、この時ばかりは手が出そうになった。

二人の先生が、たぶん私の推薦と受験のことで泣いた。先生っていう役割、推薦っていうシステム……？　私、将来うまくやっていけるのかな、と不安になる卒業式だった。だから、卒業式は、終わってすぐに脱走した。

＊＊＊

うち、進路相談で心理系をやりたいって言ったの。そしたら、先生に「心理なんて本読めば学べるから、経営にしろ」って言われて、経営学部に行ってる。学校推薦だったし、心理はダメって言われたら推薦してもらえないじゃん。夢をつぶされたと思った。やっぱり経営学部、私にはつまんないんだよ。

最近は、バイト先によくくる幼稚園の先生を見て、自分もなりたくなった。話してみたら、「人間観察好きなんでしょ。じゃあ、幼稚園の先生いいんじゃない？」と言ってくれた。幼稚園の先生だったら、心理を学べるらしいし。でも、せっかく経営学部に入ったんだから、簿記の資格だけは取ってから辞めようと思ってる。

＊＊＊

俺はよく先生やクラスメイトに、「いつもヘラヘラしてる」って注意される。「何考えてるかわかんない」って怒られる。

だって、そうするしかないんです。いじめが怖いんです。仲間はずれが怖くて「笑い」をとっちゃうんです。怯《おび》えを悟《さと》られまいと、「苦笑い」しちゃうこともあるんです。親や先生に見捨てられたくないから、「照れ笑い」や「媚《こ》びた笑い」をしちゃうんです。笑っていないと救われず、「泣き笑う」こともあるんです。

大学にどんな学部があるか知ってる？　いろんな学部があるんだよ。たとえば、文学部・教育学部・法学部・社会学部・経済学部・経営学部・理学部・医学部・薬学部・看護学部・工学部・農学部・栄養学部・体育学部・教養学部・健康福祉学部など。その他にも、グローバルコミュニケーション学部とか、総合人間学部、デザイン学部、マネジメント学部なんていうのもあるんだよ。もっといっぱいあるから、自分たちでいろいろ調べてみるとおもしろいね。

4 理不尽な先輩

こういうのって体罰まっしぐら！　って感じだよね。

部活で、一年生はいつも先輩より三〇分早くきて、準備しなきゃいけない。朝練の時とか、ちょーキツイ。荷物の運搬、コートの掃除、ボールの準備、タオルの用意、先輩の飲み物の用意まで、先輩によっていろいろ指定がある。飲み物なんて自分で用意しろよって思っちゃうけど、それがこの部活の伝統なんだって。遠征の時は、お昼ご飯とかの買い出しも。

部活が終わって普通の学校の時間でも、先輩とすれ違う時は立ち止まって挨拶しなきゃいけない。でも挨拶したって先輩は返してくれないんだよ。私たちは挨拶しっぱなし。友だちとしゃべってて、たまに気づかない時だってあるじゃん。でも、そういうのは許されないんだよね。すっごい怒られる。先輩から挨拶してくれることはない。必ず後輩の私たちからしなくちゃいけない。挨拶ってそういうもの？　それが礼儀っていうけど、そんな礼儀、他の場所でもあるの？　会社とか。

練習だって、先輩中心なのはわかるけど、私たち、いつになったらボールに触れるの？　先輩よりも上手な子がいるのに、レギュラーになれないだけじゃなく、ボールにすら十分に触れない。一年生がなかなかレギュラーになれないのは、わからなくもないけどさ。帰る時も先輩より早く部室を出ちゃいけないって。そもそも私たちは後片づけもあるし、先輩が先に着替えるから、先に帰ることもできないんだけどさ。

とにかく、その「伝統」とやらを守らないと、ものすごく怒ってくる。練習の厳しさよりも、そっちが怖くて、部活に行くのもイヤになってくる。

ただ一人だけ、一緒に片づけをしてくれる先輩がいる。その先輩はレギュラーじゃないけど、いつも一生懸命練習している。私はこの先輩をとても尊敬している。

【伝統】

人間の長い歴史を通してつくられた慣習や価値観。次世代に受け継いでいきたいものもあれば、「伝統」という言葉を使うことで、それがさまざまな人の生き方に合っているのかどうかを問わずに無理強《むりじ》いさせられるものもある。また、歴史が浅いのに「伝統」といって、そこから外れた人々を排除する言い訳に使われることもある。


同じ学年のなかには、私たちが先輩になったら、後輩に威張《いば》れるじゃん、それまでがまんだよって言う子もいるけど、私もそんな先輩になっちゃうのかな。そう思うと自分が怖い。でもやっぱり私は、この理不尽《りふじん》な「伝統」とやらをなくしたい。私は自分たちが使う道具を自分たちで整備するのは当たり前だと思っている。せっかくこのスポーツが好きで集まったんだから、楽しく練習して、このチームを好きになって、上達したい。今のままじゃ、このスポーツ自体も嫌いになりそう。

＊＊＊

運動部に入ってた。試合に出られるのは二年からと決まってた。でも、自分けっこうできちゃって、一年後半で「試合に出ろ」と先生に言われて出た。そしたら、部員からの風当たりが強くなった。何なんだ。

別に自分がすべてのことに優れているわけではないけど、自分のできる部分の出し方って、重要なんだなと思う。他人に受け入れられやすいように、自分のできるところを出して、活かしていけたら楽しいかもな。でも、それって加減が難しいよ……。

＊＊＊

入学式、せっかくだし、赤いヘアゴムをつけてみた。校則では禁止されていない。でも、さっそく女子の先輩に呼び出された。黒以外は三年生からだって。部活の先輩に、ソックスにワンポイントが入ったのも一年生ははいちゃいけないって言われた。なにそれ、バカみたい。でも言えない……。

5 友だち関係もムズカシイ

「無視しようぜ」って誘うヤツ、一人でやれよ！　弱虫め。

おとなになってもネット上で悪口言ったりしている人はいる。

友だちにお金を貸すと、関係が壊れるってホントだよね！

クラスにちょっとテンションの高いトモキがいる。俺は、別に嫌いじゃない。ナオヤがそいつのこと嫌いらしくて、クラスみんなで無視しはじめた。メンドイと思った。トモキと仲よくしたら、ナオヤが何か言ってきそうだ。でも、無視するのを見ているのも、メンドイ。「無視とかやめろよ」と止めるのも、それはそれでメンドイ。なんか、それじゃ、俺がすべっているようだ。でも、無視がいきすぎてメンドイことになるのもメンドイから、そういう時は止めた。それから、トモキとクラス以外で遊ぶようになった。なんだか楽しい。

＊＊＊

最近、一〇人ぐらいで遊んでる。そのなかでサトシは、面と向かっては言わないのに、メールとか、ネットで悪口を言う。悪口っていっても、どっちもどっちみたいなケンカで、サトシが思っていることを書いてる感じなんだけど、「陰口を言うのは嫌いだ」というタカシが、「陰で言っている内容をすべてみんなにメールして謝れ」って怒っている。しかも、うちにも、「サトシからきたメールがあるなら、みんなに見せるのが筋だ」と言ってくる。

＊＊＊

いつもお金持ってないって言ってる子がいる。結果、うちらのおごりになる。お金がないと、遊びたくても遊べない。遊べる遊びが限られるのもイヤだ。でも、毎回おごるのは、なんか対等じゃない気がして、もっとイヤだ。自分が借りるっていうの

「男がおごらなきゃいけない」なんて決まり、ウゼェ。「年上はおごるべき」ってのもイラネェ。それが当然と思ってるヤツにはゼッテーおごらないし、そもそも付き合うのだってゴメンだね。

も、ちょっと気が引ける。いくら借りたか、ちゃんと覚えてらんないし。でも、それでテキトーに会計して大丈夫な友だちもいる。こないだ俺払ってないから、今回俺で、みたいな。そういう感覚が合うってことも大事だよね。

＊＊＊

あたしはカズミともチカとも仲がいい。でもカズミは、あたしがチカと遊んでると、怒るというか、微妙《びみょう》に機嫌《きげん》が悪くなる。「どうせ、チカといる時のほうが楽しいんでしょ」と言われた。そんなことないし、比べられないのに。チカは、カズミのことをなんとも思ってないのに、どうしてカズミはそんな感じなんだろう。あたしは、いつもカズミと一緒にいるの、すごくうれしいと思ってるんだけどな。よくふざけて、「うちら付き合ってるから」とか言っちゃう感じも、ウケる（笑）。周りに彼氏のいる女友だちもいるけど、そんなの比じゃないぐらい仲いいよね！　これからも一緒にいたいな。

＊＊＊

親、教師、先輩、友だち……、いろんな人とつながってるけど、本当に心から安心できるつながりってどこだろう。そもそも、そんなつながりがつくれるのか？　だって、自分とうまく付き合っていくのだって、すげー大変なのに。ってことは、少しでも心を許せるつながりをいくつかつくっていくことのほうがいいか。あっちに頼ったり、こっちに頼ったり（笑）。

COLUMN

「ノリ」って何だ？

友だち同士、気が合う、ノリが合うって、けっこう大事。でも、その「ノリ」が難しい時がある。
自分がノレない時、ノリで自分がイヤな思いをする時、ノリで自分以外の人がイヤな思いをしているのを見る時、困る。とくに大勢でいると、よくわからなくなる。そんな時、どうしてる？

《ノリについていけない問題》
☆ナンパ好きじゃないけど、周りが「ナンパしよーぜ」みたいなノリになる。
☆ディズニー好きじゃないのに、付き合った人が年パスほしいほどディズニー好きな時。
☆席の近い子たちとつるむようになって、その子たちは好きなんだけど、みんなガチでK‐POP好き。俺は全然興味なし。

その子たちと一緒にいるのは楽しい。だけど、好きなものが違う。でも、それに合わせないと、ノリが悪い人になっちゃうよ。どうする？

《ノリが悪い人になってみよう》
ノリが悪いということを気にとめず、堂々と明るく言ってみる！
☆それ全然興味ないから、違う話にしよーぜ！（明るく言ってみる）
☆わかんなすぎてゴメン、でも勉強する気もないよ！　共通の趣味を探そう

（明るく言ってみる）。

☆ナンパなんて、チャラい人がするものだぜ。俺は硬派にいくぜ！（キリッ）

ノリが悪いことを気にする悲しい人を演じる。ちょっと笑わせる！

☆ゴメンよぉ。ノリを壊したいわけじゃないんだけどさ、死んだばあちゃんに、そのネズミの国にだけは行くなって言われててぇ。

《全力でノレる部分を探そう》

☆とりあえず「うぉぉぉ」と、声だけノリよくしてみる。

☆ディズニーで鬼ごっこしようぜ！　と言ってみる。

☆教養として知っておきたい！　教えてもらえるかな？　と言ってみる。

興味はないんだけど、一緒にやるってことが楽しい時もあるかもね。

《全力で逃げよう》

「ノリ」って、その場の雰囲気ってことだから、イヤだったら自分とノリが合いそうな場所を探す。学校の外だっていい。一人でいるってのも全然アリだ。

「ノリ」って、その日の気分にもよるよね。いつも同じテンションでいるなんてムリだし。他にどんな方法がある？

Ⅱ　どこにいる？　どこにいられる？

1 学校のナゾ

教室の謎

教室って、三〇〜四〇人がそこをベースにして過ごしてる。それぞれで過ごしてるけど、なんだかんだつるまないといけない雰囲気もあったりする。弁当を一人で食べている時、教室を一人で移動する時、なんだか寂しげに見えるのではないかと、ふと思う。ケータイをいじって済ますとかできればいいけど、ケータイ禁止だし。

でも、私にも好きな過ごし方がある！　と、いつも音楽を聴いていたら、クラスのなかで怖い人っていうことになってたよ。オシャレでしょ（笑）。そのイメージ、払《ふっ》拭《しょく》するほうが大変。

でも、払拭しなければしないで一人で過ごせるんだけど、肝心な情報が入ってこなかったり。どんな立ち位置にいるのがいちばんラクなんだろう？

ってゆうか、友だちの学校は、教室っていうよりは、もっとオープンな部屋みたいなのがいっぱいあるらしい。見てみたい。うらやましい気もする。それなら一人ででいてもヘンじゃないんだけどな。

更衣室の謎

小学校四年生の時、体育の授業の着替えが男子と別の部屋になった。この状況、なんとなくその意図はわかるような気がした。そしたら女子が、男子に大声で「見ないで！」と言ったり、男子がわざと見ようとして冷やかしたりした。私にとっては、こっちのほうがめんどくさかった。それだったら、今までどおり同じ部屋で着替えればいいのに。これまではみんなで着替えてたのに、ある日突然、別々に着替えるようになって、それから、キャーキャー言う女子、更衣室の扉をたたいたりする男子が現れた。分けようと思った人は、何のために分けたのだろう。

でも、男女一緒の着替えがイヤだった子もいるんだろうな。学校って個室がないからキツイよね。着替えよりは、うちは鼻かむほうが個室でやりたいけど。みんなの前でしたくないことを、しないといけないのは、けっこうキツイ環境だ。

水泳の時間の謎

水泳の時間、なんで見ず知らずの人と薄着で一緒にいないといけないんだ。水着、わき毛、体型とか、やっぱりお互い気になる。みんなで準備体操をして、みんなでヘンな格好で消毒して、男女一緒に必死に泳ぐ、とか、どうなんだ。毎回気になる。

自分はどんな感じで存在すればいいんだ。プールって、気の知れた人と行きたいタイミングで行くもんじゃないのか。きょうだいとかともプールなんて行かないのに。

＊　＊　＊

毎回、生理だって言って休む度胸ある子、うらやましい。うちらの学校は、欠席理由に親のハンコもらって担任にハンコもらって、体育の教師に見せるってことになっているんだけど、まず親に生理だってことを知られるのがイヤだ。

うち商売してるから、父親の仕事仲間のおじさんたちがしょっちゅう集まってる。小さいころは賑《にぎ》やかでうれしかったけど、中学生になったら、「このごろ色っぽくなったね。彼氏できたの」とか、聞かれる。両親も笑っているだけだし。そんなだから、生理のことを親に知られたくないんだ。生理のこと、親に言えない子ってヘンなんですか。

しかも、生理を理由に毎回休む子がいるけど、単位とかって大丈夫なんだろうか。単位に関して明朗会計じゃないから、どのくらい休んでいいのかもよくわからない。

＊＊＊

女子はいいよなぁ、生理とかで休めるもんな。俺はガタイいいしスポーツ得意なんだけど、泳げない。というより、水が怖いんだ。

プールカードをわざと忘れたり、いろいろ理由つけて、一年の時は一回も入らなかった。でも、体育の成績が3になった。受験もあるし、体育3はマズイかなぁって思って、市営プールに行って泳いだりした。自己努力してるつもりなんだけど、どうも水と相性が悪く、やっぱ泳げない。中国では、プール授業ないんだって。なんで、学校でプールやるのかな。

＊＊＊

スクール水着って、なんであんなにエロいの。水に入ると、わきやVラインがゆるむからハミ毛になるし。男子は、なんていうか、モッコリがはっきりだし、女子は、おっぱいの大きさだけじゃなく乳首の大きさまでわかっちゃう。

うちは、スポーツブラを縫いつけたんだ。そしたら、マネする子が増えて、それを知った先生から、スピードに差が出るから止めるように言われた。うちらオリンピックに出るわけじゃないし、わけわかんない理由を言うのは、先生がエロだからって疑いたくなった。

＊＊＊

今だから言うけど、つい最近まで、プールに入ると精子と卵子が混ざって、妊娠しちゃうかもって思ってたの。

うち、小学校で性教育を受けた時、精子はお風呂の温度で生きていられないから死んじゃうって聞いたの。だから、プールでは生きているんだって、ずっとずっと思い込んでたし、プールで精子がいっぱい泳いでいる夢まで見ちゃった。眠れないぐらい不安になって、勇気を出して保健室の先生に相談に行ったら、精子がプールのなかで勝手に出てしまうことはないし、水のなかでも死んじゃうって聞いてホッとした。それは解決したけど、プールって鼻水とか唾液《だえき》とかも混じるじゃん。やっぱ汚いよね。

そんなこと気にするの、うちだけかなぁ。

「入らない」っていう手もあるよね。「温泉アレルギーなんだ」とか「湯船でおぼれたトラウマがあるのでムリです」「家の方針で、人前で脱ぐのはタブーなんです」とか言って。

みんなでお風呂の謎

こんど、修学旅行がある。こんど、部活の合宿がある。頭がグルグルする。お風呂に、みんなで入らなくちゃいけないのがイヤ。心臓がドキドキする。みんなの前で服を脱ぐのがイヤ。みんなが裸でいるところも見たくない。気持ち悪い。恥ずかしい。消えてしまいたい。

学校の泊り行事のたびに思ってた。お風呂がイヤだ。死ぬ。いちばん最初は小学校高学年の時、林間学校。お母さんに持たせてもらったバスタオルを、結局使わなかった。みんながお風呂に入っている間は、「風邪《かぜ》っぽいから」って言って、ひとり部屋で待ってた。バスタオルは、洗面所でテキトーにぬらして、持って帰った。

だけど、それからたびたび泊り行事はあって、何回かは入った。頭を洗っている間は、眼をつぶっていられる。眼をつぶっていれば、少しだけホッとするけど、湯船につかっても、あっという間に出てきてしまう。どこを見ていいかわからない。話しかけられるのも怖い。

「お風呂が好き」「気持ちいいじゃん」って言う友だちもいるけど、意味がわからない。こんなことの、何がいいんだろう。こんなの自分だけなのかな？　自分がオカシイのかな？　そりゃ、お湯につかることは気持ちがいいかもしれないけれど、みんなで裸になるなんて考えられない。入るのなら、一人で入りたい。

いっそのこと、みんなで旅行なんて行きたくない。いっそのこと、部活なんかやめてしまおうか。それぐらい本気で思ってる。

「一緒にお風呂に入りたくない」って、言ってもいいですか？

COLUMN

未来の学校

服装違反で校門に入れないなんてありえない。
茶髪だからって、アルバム写真を撮ってくれない。
制服のスカートは絶対にイヤ。俺は女じゃねぇし。
うちは髪の毛伸ばしたいのに、校則違反になっちゃう。
なんで性別で髪の毛の長さの規則が違うの？
「性同一性障害」だったら、制服を着なくていいって、
どうして「病名」がないとダメなの？
隣の学校には冷房があるのに、うちの学校はない。
男女別名簿、何で？
ありえないよ、ケータイ禁止。

未来の学校、どんなのかなぁ。
制服はナシ。
給食はオシャレなカフェで。
勉強しなくていい。そんなの、学校じゃないか？
電子黒板。電子ノート。もう実際にあるね。
校門が指紋認証《しもんにんしょう》。
先生がロボット。
それって、なんかコワイ。
先生に文句を言ってもいい。

校則は自分たちでつくる。
今でも、そういう学校あるか。

っていうか、家で授業を受けたい。
それじゃ、友だちに会えないね。
えー、やっぱ学校行きたいよ。

他の国にはもっといろんな学校があるよ。
☆給食がないから家に帰って食べる。
☆給食がバイキングみたいになってて、食べたい分だけ自由に取れるところもある。
☆担任が一クラスに二人いる。
☆午後一時ぐらいには学校が終わっちゃうところもあれば、夜の八時まで授業があるところや、授業は午後からというところもある。
☆日本みたいな「部活動」って、世界的には珍しいんだって。
☆制服を着てもいいし、私服でもいいところもある。

2 トイレでバトル！

トイレVSおじさん

フツーに歩いてて、トイレに行きたくなった。公園がある。公衆トイレがあるはず！　行ってみよう。

公園のベンチには、おじさんが一人座っている。その隣に公衆トイレを発見。公園にはその他の人はいない。今は夕方。ちょっと怖いと思った。そのおじさんが悪い人かどうか、そんなの知らないけど。公園には、私とそのおじさん。私はトイレを使うとしたら、女子トイレに入る。おじさんには女子トイレに入る私が見える。

トイレって個室で、誰からも見えない。そのことが、なんとなく怖いと思った。そして、どんな格好をしてても、女子トイレを使えば、女子だと思われることも怖いなと思った。

で、結局、デパートまでがまんした。デパートだったら、誰か使ってる確率高いし、店員さんとかもいるから、ちょっと安心だよね。

トイレVS性別

トイレって、性別で二つに分かれてるのが苦手！　「一〇〇%男の子」とか「一〇〇%女の子」とか言いきれない自分にとって、男女別トイレに入るのはすごく苦手。見た目は女らしくないから、女子トイレに入ったら並んでいたおばさんに大きな声で「あんた！　ここ女子トイレよ！」と言われたり、にらまれたこともある。自分自身も、なんか女子トイレに入るのって恥ずかしい。

映画館で並んでいる女子トイレなんか最悪。できるだけみんながいないタイミングと場所を狙っていくようにする。男子トイレに入っちゃう時もある。こんな時も、内心ちょっと怖い。誰かとハチ合わせしないようなタイミングを狙っていくけど、「おい！　お前、本当は性別どっちなんだ」とか言われちゃったらイヤだし。あーもう、どうしたらいいんだよ。

最近は「男女別じゃないトイレ」を探すようにしてる。喫茶店とかコンビニとか。街を歩いていても、この辺になら「男女別じゃないトイレ」があるかもとか、なんとなくカンでわかるようになってきた。ちょっとすごくない？（笑）

トイレVS隣の人

男子トイレって、小便器コーナーと個室があるんだけど、小便器（「あさがお」っていうの？）と小便器の間に敷居《しきい》がなかったり、縦に長くない小便器とか、隣の人のチンコが丸見えになっちゃう構造の便器って、なんかイヤなんだよね。自分のも見られちゃうってことでしょ？　小便器コーナーがあると、コンサートやイベント会場で、女子トイレみたいに長蛇《ちょうだ》の列にならずにすむから、ラクっちゃラクなんだけどさ。もうちょっとなんとかならんかなぁ。あと、使う人もオシッコの最後の一滴までちゃんと便器にしようよ（汗）。

トイレVSウンコ

学校でウンコするのって、なんであんなに「恥ずかしいこと」として見られちゃうんだろ。朝、家で済ませてきたって、急にしたくなることだってあるよね？　お腹痛くなっちゃう時だってあるよね？　男子トイレだと個室に入るから、これからウンコするってバレバレなんだよね。で、「あいつ、さっきウンコしてたぜ」なんて言われちゃう。だから、わざわざ人けのない校舎のトイレに行ったり。ってかさ、ウンコしたっていいじゃん！　あと、ウォシュレットも完備してほしい（笑）。

学校のトイレも変わってきてるみたい。洋式便器が増えたし、ウォシュレットがついてるところもある。男子も個室が増えたり、掃除もプロの人がしてくれるところもあるんだって。

トイレ比較分析——自分に合ったトイレを探す

世の中には、いろんなところに、いろんなトイレがある。いろんな人が使いやすいように、最近は「誰でもトイレ」ってのがあるとこもある。でも、どこでも「誰でもトイレ」があるわけじゃない。そこで、いろんなとこにあるトイレを比較してみたよ。

	男女別でない	きれい	ひろい	どこにでもある	借りられる
カフェ	○	○	×	○	しれっと使える
デパート	×	◎	◎	○	借りられる
駅	×	△	△	○	借りられる
学校	×	△	○	△	生徒なら
公園	×	×	×	△	誰でも
図書館	×	△	○	△	誰でも
コンビニ	○	△	△	◎	借りられる
ファーストフード	○	○	△	◎	しれっと使える

歯医者さん、マッサージ屋さん、美容院などが入っているビルの廊下に、お客様用のトイレがあったりする。ピンチの時は、お世話になることもあるかも！

●男女別でない

カフェは場所がないから、男女のトイレを一緒にしているところが多いよね。他の場所は男女に分かれてるよ。デパートのトイレは、時間を選べば、どっちに入るかをあまり見られず使うことができるよね。あと、学校の裏ワザは、教員用トイレ。けっこうきれいで広いし、教員しか使わないことになっているから、入るのを見られることが少ないよね（でも教員用トイレの使用を禁止してる学校も多いよね）。

●きれい／ひろい

きれいさはデパートにはかなわないよね。デパートのトイレはきれい。メイク室が別についてたりする女子トイレもあるらしい。遊べるね！（笑）公園は汚いところが多いし、紙がない、手洗いの水が出ないとか、たまにあるよね。どのくらい管理されている公園かにもよるんだろうけど。虫がいることも……。学校、カフェ、図書館とか、いろんな人が使う公共の場所のほうが、掃除の人がちゃんとくる。そういう意味では、こっちのほうが安全なのかもね。

●どこにでもある／借りられる

駅前には、たくさんの「借りられるトイレ」がある。そこで言うと、駅前じゃなくても、いたるところにあるのがコンビニ、ファーストフードだね。繁華街だと、きっちり借りられないようにしている場所もあるから、逆にゴミゴミしていないところのほうが借りやすいかも。

3

家の居心地はどう？

今、ミッコの家から学校に通っている。もう一〇日ぐらいやっかいになっている。みんないい人だよ。うちの事情もわかっているから、無理に帰れって言われない。お父さんが新しい女を連れ込んでることを話さなくたって、近所のウワサになってるから知っているみたいだし。

ミッコのママは、私んちに、私が泊まっているってことを電話してくれたの。そしたら、その女が「お邪魔《じゃま》だったら追い返してください」って言ったんだって。母親ぶって、ちょームカツク。いつまでもミッコんちにいるのも迷惑だから、明日からユカんちに行こうと思う。

＊＊＊

親に「出ていけ」って言われたから、荷物をまとめてたら、「子どものくせに勝手なことをするな」って。どっちにしろっていうの。出ていかれると、「隣近所に恥ずかしい」だって。そんなんだったら、言うなって。

＊＊＊

家出して、渋谷でサラリーマン風の男の人と一緒にカラオケに行って遊んだ。その人、家がイヤだったらいつでも俺のアパートにこいって言ってくれた。いい人だから、こんど親とケンカしたらその人の家に家出することにした。

＊＊＊

でも、すっごく心配だからこそ、捜索願いを出したという見方もある。

【捜索願い】
保護者などの承諾がないのに住居地を離れ、所在が明らかでない人は「家出人」とされます。家出人捜索願いは、保護者などが交番や警察に届けると受理されます。未成年と一緒にいる成人には、未成年者略取《りゃくしゅ》及び誘拐《ゆうかい》罪（刑法二二四条）が適用され、同意のあるなしにかかわらず誘拐になります。その成人は犯罪者として扱われます。

えっ、警察に連絡したの？　捜索願い出しちゃったの？　自分で探さないの？　美樹の母さんは、夜中ずっと探しまわってくれたから、美樹も泣きながら謝ったんだって言ってた。うちの親は、すぐにお巡《まわ》りさんに頼むわけ。冷たい親だよね。そんな親だから、家出したくなったんだよ。

＊＊＊

家出した。公園で過ごそうと思って、毛布を持っていったら、ホームレスの人がいて怖かった。トイレの電気がついてなくて、泣きたくなった。グルグルまわっていたら、涙が出てきた。
明かりが見えた。お母さんの自転車のライトだった。ちょっとライトが消えそうでチカチカしてて、いつもそれで塾に迎えにきてくれるから、すぐわかった。「お母さんだ」って思ったら、涙が出てきた。二人で泣きながら抱き合った。お母さんゴメンね。もう絶対、家出なんかしないから。

＊＊＊

お袋が家出した。朝、書き置きがしてあった。父さんのことよろしくって。だけど俺一五歳だぜ。よろしくって、どうしろってこと？　とりあえず妹には内緒にしたくて、書き置きを破った。いつものように目玉焼きをつくった。父さんと妹が起きてきた。父さんは、知っていたみたいで何も言わなかった。妹が「ママは？」って聞くから、とっさに「ばあちゃんのとこ」って言った。なんか、ドラマみたいな朝だった。

Ⅲ　イベントごとにどう付き合う?

1　クリスマスの予定は?

真希とミナと、クリスマスにディズニーシーデビューしようって、去年から約束してたのに、ミナ、今年は家族と過ごすことになったから、ゴメンってキャンセルメールが入った。それってウソ。ミナは彼氏ができてから、うちらに相談しなくなって、彼氏がいるあみとメル友している。あみから聞いたんだけど、ミナがクリスマスに彼氏と一緒じゃない子なんて、みじめーとか、かわいそうと言っているらしい。でも、うちらには、家族と温泉に行くとか白々しいウソをついてる。話合わせてあげているけど、もう関係が終わった感じ。男ができると、友情なんてどうでもいいって子いるよね。こっちからお断り!

うちはたいてい一人で家にいる。多くの人がワイワイやってる時に、一人で静かに時間を使えるなんて、なんかゼイタク。好きな音楽を聴きながら、おいしいケーキを食べる。お風呂にゆっくりつかる。そんな静かな夜。ね? ゼイタクでしょ?(笑)

ねぇ、クリスマス何してる？　彼女とデート？　どんなとこ行くの？　お台場？夜景の見える公園？　ホテル？　おとなはいいよね。行くとこいっぱいあって。

うーん、彼女ができたっていうわけじゃないんだ。でも、誘いたい子がいるんだ。どこがいいか、雑誌とか買ってみたけど、中学生じゃレストランとかホテルとかムリじゃん。映画館も二人だけだと照れちゃうし、手とか握ったりするのが目的だと思われるとイヤだし、いきなり俺の部屋ってこともないし、もう、ちょー悩むんだけど。

クリスマスデートっていったって、行くとこないじゃん。

＊＊＊

美咲、彼氏からのクリスマスプレゼントおねだりしたんだって。エムシーの財布。彼氏が高校生だからいいよね。うちの彼氏のヒカルも、クリスマスプレゼント何がほしい？　って聞いてくるんだ。うちだって財布ほしいけど、言えないよね。ヒカルのお小遣い月三〇〇〇円だから、財布って一年貯めなきゃでしょ。で、キーホルダーでいいよって言ったら、三八〇円のグーフィー。だったらミッキーのほうがよかった（笑）。美咲が、彼氏は年上に限るっていうの、わかる気がする。でも、ヒカルのことは好きだよ。……ほんとは三八〇円のグーフィーだってうれしいんだ♪

＊＊＊

クリスマスに、ホテルデートに誘われた。もう付き合って一年たつし、そろそろエッチしてもいいなぁって思っていたけど、クリスマスに、あげなきゃいけないのか

な？　彼氏、期待しているのかな？

クリスマスって、みんなが同じことしているかと思うと、なんか違う日がいい。私たちだけの記念日みたいにしたい。だって、世界中の女の子のロストバージンが同じ日なんて、カッコ悪いよ。私はオリジナルでいたい。

クリスマスにサンタさんをしてきた人たちも大変だよね。そもそもキリスト教のイエス様が誕生した日に、カップルで過ごしていることや、サンタさんがプレゼントを配っていることって、イエス様の想定の範囲外だよね。しかも、キリスト教を信じてるわけでもないたくさんの日本人が、クリスマスを楽しんでいる。かなりポジティブな国なのね（笑）。勝手に参加（笑）。

だからさ、自分たちでつくっちゃっていいんじゃない？　自分らの好きな年中行事！（笑）

＊＊＊

家族でケーキ食べる習慣、いいかげんやめたいんだけど、言い出せないよ。父さんは、ちょーはしゃいでいるし、母さんは、いつも父さんが遅いのに、この日は早く帰ってくるからゴキゲンだし。家族ごっこの付き合いをさせられているみたい。他の子みたいに、友だち同士でパーティーをやりたい。

2
バレンタインのから騒ぎ

バレンタインって厄介《やっかい》。とりあえず、チョコつくったり、もらったりする日。現在のところ、女性が男性に思いを伝えるためにあげるというのが、日本の鉄板になってるよね。みんな、実際どうやって過ごしてんのかな。

☆毎年なにかしらつくって、友だちとお菓子パーティーしてる。楽しいよ。
☆学校に持ってくるな。そして、おまえ何個？　って聞くヤツ、ウザイし。
☆彼女がつくってくれる。がんばってつくってきて、俺が食べるところをニコニコ見てるのがカワイイと思うので、甘いもの好きじゃないけど、毎年気をつかって食べています。
☆結局、うちはまとめて男子社員人数分、女子社員みんなで割《わ》り勘《かん》して買ってる。めんどくさいよ。
☆あいつ、好きな子のにツバ入れたって。愛情注入だって言うけど、ドンビキ。
☆自分だってあげたいけど、俺、男子だから、ちょっと気が引ける。
☆デパ地下ではバレンタインに限定のチョコやケーキを売っているから、自分のために買うぜ。バレンタイン翌日だと値引きしてるし、お得！　おいしいよ。
☆好きな人に好きって言えたよ。やった！
☆女子が手づくりのって、汚ねぇー。捨ててる。だってあいつら、毎日髪の毛いじってて、手を洗ったあと髪の毛で拭いてるんだよ。キモイし。溶かす前にくれよ。
☆おかんがくれるのがムカツク。同情か。むしろ、父さんが期待しているのが恥ずい。

……それぞれだね。楽しい人もいれば、ほんとに困ってる人もいる。

日本のバレンタインはこんな感じだけど、そういえば外国ってどんな感じなんだろ。

☆男子から女子に、チョコじゃないものをあげている。

☆記念日感覚で、あげたい人にあげたいものをあげている。

☆そもそも、ない。

へー。けっこう違うね。日本でバレンタインにチョコをあげる習慣が根づいたのは、「チョコレート会社の戦略」とか、聞いたことがある。チョコ、売りたかったんだよね。世界中で、バレンタインに女子から男子にチョコをあげてるんじゃないんだね。

だから結論、その日自分で楽しめる方法で、それぞれ楽しむのでいいみたいだね。誰かに何かをあげたり、もらったりするきっかけは、あったほうがやりやすい時もあるもんね。それと、何もせず、平穏に過ごすのも、めっちゃアリだよね！

でもさ、世の中バレンタインで浮かれてる時に、自分も一緒に浮かれたい気持ちはある。大好きな彼氏とチョコレートをあげたり、もらったりしたい。大好きな男にチョコレート渡しながら、告ってみたい。

でもさ、チョコレート売り場にたむろする女子たちに、自分みたいな男子が混じって物色して、レジに並ぶのって、けっこう勇気いる。「なんで男がバレンタインのチョコレート売り場にいるの?」「もしかして、あの人ホモなんじゃない?　キモッ」とか思われそうで。知らない人にどう思われようと知ったこっちゃないんだけどさ、でもなんかイヤなんだよね、そういう視線が。自意識過剰?　そうかもしれない。でも明らかに自分はそう思わされてる。そういう社会じゃん。

いいじゃん、男が買いに行ったって!　男が男に渡したって!!（クリスマスに男二人でちょっとオシャレなレストランでディナーしたって!　男二人でディズニーリゾートに行ったって!　男二人で観覧車に乗ったって!）

第2章

"好きな人は誰?"

1 どんな人が好き？

ねぇねぇ、どんな人がタイプなの？

男らしい人が好き。
女らしい人がタイプ。
中性的な人がいいな。

え？

「男らしい人」ってどんな人？
「女らしい人」ってどんな人？
「中性的な人」ってどんな人？

やっぱ、チカラある人が男じゃね？
えー、私、男に腕力求めなーい。
俺は力持ち好き～。

やさしい人はどこに当てはまるの？
料理できる人は？
今どき誰でも料理できたほうがよくね？
えー、あたし料理・洗濯ムリ～。
僕どっちも得意だよ！　僕なんてどう？

ごめん、あたし女の子が好きなの。

俺は彼氏いるよ。すげーやさしい人。
男くさすぎる人は苦手《にがて》なんだ。

「男くさすぎる人」ってどんな人？
マッチョな人？
リードしてくれる人？
威張《いば》る人？
暴力的な人？

俺はカラダがマッチョな人、好きだよ。でも暴力反対！
私もマッチョな人、大好き〜。

えー、あたしはスリムな人がいいな。
あ、僕も。
うちはポッチャリな人が好き。
私、自分より背が低い男子がいいな。
あたし体型関係な〜い。
うち性別も関係な〜い。

男も女もコンドーム！
どっちが持っているかってことより、使うことが大切！

やっぱ、見た目よりココロでしょ！
ココロってどんなココロ？
やっぱ、やさしい人。
やさしい人って？
あたしの話をちゃんと聞いてくれる人。
僕もそれ重要！
ちゃんと話し合いできる関係がいいよね～。
うちの彼氏、あんまり話聞いてくれない（涙）。
ダメじゃん、そんなヤツ！

あと、ちゃんとコンドーム使う人。
そこで私のことホントに大切にしてくれてるかどうかって、わかるよね～。
うんうん、俺もそれスゲーわかる。
え、マジで？　やべぇ（汗）。
あんたゴムつけないの⁉　ありえない（怒）。
あたしセックス興味なーい。

そもそもさ、恋人でも勝手にカラダ触ってくるのってありえないよね～。
それ、マジわかるー。

えー、俺は急にギュッとハグされるの好きだけどな。
でも、イライラしてる時にそれされたらイヤじゃない？
うーん、ちょっとホッとするかも（照）。
えーっ。

ねぇねぇ、どんなデートしたい？
私、遊園地っ！
えー、俺ジェットコースターとかムリだし。
僕は大好き～。
あたし並ぶの嫌ーい。
俺、彼氏とよく行くよ。並びながら、いろいろ話すのがいいんじゃん。
私は観覧車がいい。
俺、観覧車もムリっ！　高いとこムリっ！

私、食べ放題がいい！
あ、俺もっ！　うまいものめぐりとか。
私、賛成っ！
僕は、お互いの部屋でゴロゴロでもいいなー。
フツーに買い物行くだけでもいいよね。

一緒に笑いたい。

なんか私、相手とたまに会うだけでもいいんだけど。
それって寂しくない？
だって私、いろいろやりたいことあるんだもん。友だちとだって遊びたいし。
あー、それわかるー。けっこうやりたいこといっぱいあるよね。
えー、うち、あんまりないかも。

結局さぁ、みんなどんな人がタイプなのさ。
やっぱ、やさしい男かな。
だからー、「やさしい」って何よ！「男」って何よ！
そんな難しいこと聞くなよ、わかんねーよ。
わかんねーじゃなくて、考えろよ。
わかんねーよ。
好きって何だよ！
愛って何だよ！

なんか、そうやって考えるのってクサくね？
クサイのウザくね？
私、クサイの好きだし。

あ、俺も。
やっぱさ、まじめな人がいいよね。
「まじめな人」ってどんな人だよ。
あー、もうウザイ！
そーゆーの、ウザがらない人。
わかんなくてもさ、一緒に語ろうぜ。
あー、ウザイ（笑）。

恋愛とか性についてちゃんと語れる友だちほしいよね。ネットとかSNSだけで他人にプライバシー打ち明けるのって、なんか寂しい……。

2 付き合わなきゃいけないの？

ケータイとケータイに
付き合うんじゃない？

友だちに彼女や彼氏ができはじめた。俺はまだ。でも、周りから、早く彼女つくりなよって勧められる。いや、俺の場合、ほしいのは彼氏なんだけどさ。ここでは、そんなのどーでもいい。問題は、付き合うって、そんなにいいことなのかどうかだ。

友だちの様子を見ていると、たしかに楽しそうだ。でも、大変そうでもある。ちょっとしたことで一喜一憂しているのが、手に取るようにわかる。

友だちによっては、一週間で別れて、その翌週には次の彼氏がいたりする。それが悪いってわけじゃない。いろいろと合わないなら別れたほうがいいと思う。でも、その時の「付き合う」って何なんだろうって思う。

そもそも、なんで「付き合う」って言うんだ？　何に「付き合う」んだ？
俺の都合に？　相手の都合に？
俺の好きなものに？　相手の好きなものに？
俺のヒマつぶしに？　相手のヒマつぶしに？
俺の人生に？　相手の人生に？

俺はフツーに女子ともしゃべるし、仲いい女子も男子もいるけど、まだ誰かと付き合わなくてもいいと思ってる。そう言うと、友だちは驚いたり、付き合うことのよさを説いてくるけど。でも、俺は今はいい。これから先も、付き合わなくてもいいかもしれない。それはまだわからない。

デートとか、キスとか、セックスとか、してみたいっていう気持ちはあるよ。でも、今じゃなくてもいいんだ。

彼氏って、どこからが彼氏なの。ブログとかミクシーとかで、今まで付き合った彼氏は、五〇人ぐらいかな。会ったことない人もいるし、でも彼女だと言ってくれる。

ちょくちょく会う彼氏は、おごってくれる。セックスを要求されると、面倒だから別れる。セックスはキモいよ。おごってくれて、セックスされないで、一緒にいて楽しい関係の彼氏、ほしー。

今、六マタ中だけど、絶対バレないよ。ケータイだけの付き合いって、絶対安心じゃん。

負け犬？　そうかな？　そう思うヤツは、そう勝手に言ってればいいよ。俺自身は、誰かと付き合わないことで「負け」だなんて思わないし。ってゆーか、なんでそれが勝負になるんだよ。全然わかんねぇ。

誰かと付き合うってこと以上に、何かに熱中しているってわけでもない。意外と平凡。穏やかな生活。友だちもいるし、家族との関係も悪くない。好きな人もいっぱいいる。それで今はけっこう満腹。「付き合う」ってスパイス？　なんかそれも違う気がする。

なんで誰かと付き合わなきゃいけないの？　みんなそこに何を求めてるの？　そもそも彼女や彼氏を「つくる」って何だよ。「つくる」もんじゃないだろ。

難しく考えてるつもりもないけど、とにかく、誰かと付き合わなくてもいい。それだけは確実。


うちのおばあちゃん、おばあちゃんのお父さんが決めた人と結婚したんだって。おばあちゃんは学校の先生の子どもで、学校の先生になりたかったのに、学校に行かせてもらえなくて、魚屋さんだったおじいちゃんと結婚することになったんだって。

お見合いして、すぐ決まって、自分がこの人といたいかどうかじゃなくて、一緒にいて、お店屋さんにいきなりなって、泣いたって。

やっぱ、少なくとも自分が誰と一緒にいるかとかって、自分で決められるのはいいことだなって思ったよ。

3

恋人と友だち、どっちとる？

週末って週に一回しかない。
その日をどう過ごすか。
仕事？　友だち？　遊び？　一人？　勉強？　恋人と？　家事？
毎回楽しみ、週末。

年に一回しかないゴールデンウィーク、誕生日、クリスマス、どう過ごす？

恋人がいるから恋人と過ごす。
ってのが、うまくいかない時だってある。
片方がバイトや部活の時。それは仕方ない。

片方が友だちと遊びたい時は？
自分がヒマになっちゃう。
しかも、友だちと遊んでおいでって言えない。
ほんとは遊びに行かないで、一緒にいてほしい。

でも、そんなことはできない。
地球上には人がいっぱいいて、二人じゃない。
二人以外の関係だって大切にしないと、二人だけになっちゃう。
二人じゃ解決できない問題ができた時、二人でいられなくなっちゃう。

一人の時間ねぇ……。僕は、一人でいるんだったら一緒にいようよってすぐ思っちゃうけど、自分には一人でいられる時間が十分にあるからなんだろうな。でも、相手もそうだとは限らない。部活や習いごと、バイトや仕事、友だちや家族との約束、たまった洗濯や掃除などの家事、その他もろもろのことで、いっぱいいっぱいかもしれない。そんな時は自分だって一人でいたいと思うかも。

でも、自分と会うことであなたは癒《いや》されないの？（自分はあなたと会ったら癒されるのに）なんて思ったりもしちゃう。同じ空間にいるだけだから、いいでしょ？（その間に、あなたはあなたのやりたいことをやって）とか。これって相手に対する想像力の欠如ってことなのかな。うん、きっとそうなんだろう（苦笑）。

しかも、付き合ったからって、友だちの価値が下がるわけじゃない。

今まであったものがいきなりなくなったら、カラダもびっくりしちゃうよ。

大切な友だちは大切なんだもん。

だから、付き合ってても、他の関係は大事にしたほうがいいんじゃないかなと。

そして、もちろん一人の時間も大事。

一人で過ごす時間に、頭のなかが整理できたり、いつもやりたかったことができた

したくないことをムリにしなきゃいけない関係って、絶対長続きしないし、やっぱよくないよ。

り。二人の間にあったいろんなことを、落ち着いて考えられる。ありがとって言おうとか、謝ろうとか。次会った時に、相手に言いたいことだって出てくるよ。

だから、付き合ってても、一人の時間を大切にしたいなと思う。

三角関係って言われるけど、最初にタクヤと知り合ってたのはうちだよ。サツキが一緒に遊ぼうって言うから、遊んでいるうちに、サツキがタクヤに言い寄ったみたいで。二人が早々とエッチ済ませちゃった。うちは、中学生だからエッチはしないと思ってたのに。ちょーショック。二人にショック。でもねぇ、タクヤがメールしてくるのは、うちのほうが多いんだ。サツキより安心できるって。ねぇ、やっぱタクヤと付き合いたい。サツキから取っちゃいたい。エッチしたほうがいい？　ムリなんだけどー、それしかないかなぁ。

COLUMN

カミングアウトと親

「LGBTの友人と家族をつなぐ会」っていうのがあるんだよ。ネットで検索してみて！

自分が同性が好きだってこと、何人かの友だちには言ってるけど、親には言っていない。友だちは驚いてたけど、そういう人もいるよねとか、言ってくれてありがとうとか、周りにもいるよとか、なかなかいい反応が多かった。

だけど親との関係は、そう簡単にいかない。家で「オネエ」の人たちが出てくる番組を親と一緒に見てると、ドキドキする。父親は平気で「こいつら気持ち悪いな」「なんでこんなヤツらがテレビに出るんだ」って、俺がいる前で言う。そんな時、何て言えばいい？

親の壁って高い。これまで一生懸命育ててきた息子が、ほんとは同性が好きだって言ったら、大きなショックだろうなって、容易に想像できる。もしかしたら怒り狂うかもしれない。家から追い出されるかも。一家の恥だとかって言われちゃうのかな。泣かれちゃうかもしれない。それは考えすぎ？怖いし、親を悲しませたくない。友だちとは違って、そう簡単に距離をとることもできないから、ビビる。

でも本当は、この俺を生んでくれたこと、育ててくれたこと、大切な人と出会えたことに、両親に感謝したいんだ。だからカミングアウトしたいんだ。

今では親世代の人が手に取りやすい本とか、家族のための交流会とかもあるから、そういうのを親に紹介すれば少しは負担が減らせるんじゃないかと思うけど、自分が家にいづらくなるのは困るから、自分で稼ぐようになるまでカミングアウトはやめとこうかなとも思ってる。あと、自分が家にいづらくなった時に、相談とかできる「自分の応援団」はつくっておきたいよね。

4 ココロがせまい？

彼女にメールしたのに返事がこない。なんか気になる。気になって、電話してみた。なんか、そっけない気がした。「友だちといる」んだって。う〜ん。

あいつ、すごくカワイイ。すごくカワイくて、モテる。髪の毛切って、もっとカワイくなった。ドキドキする。話しかけるのも、一緒に歩くのも、ドキドキする。声を聞いても、首をかしげるのも、笑ったところも、なんでこんなにカワイイのかわからないくらいにグッとくる。たまらない。こんなカワイイ子が彼女だと、自分なんかでいいのかなと思う。あんまりモテないでいてほしい。そんなにドキドキさせないでほしい。もう少し平凡でも、素敵じゃなくてもいいから、こっちのことだけ見ていてほしい。

学校の外でも、彼女は友だちがいっぱいいる。自分が知らない友だちがいっぱいいる。自分が知らないところ、どこでどんなことしてるのか、なんだか気になる。自分が知らないところで、知らない服を着て、笑ってるんだと思うと、すごく気になる。どんな顔をして笑っているんだろう。なんだか気になる。彼女のことを全部知っていたい。

だけど、どこで誰と会ってたの？　なんて聞いたら、カッコ悪いって思われちゃいそう。ココロが狭いヤツだって思われたらイヤだから、平気なふりをしてる。

この前、一緒にいる時、彼女のケータイに電話がきたんだ。自分が知らない男友だ

ちで、すげー楽しそうに話してた。「今ちょっと話せないから」って、一緒にいる時くらい電話を切ってくれてもよかったのに。だけど、何も言えなかった。

こんな気持ち、どうしていいかわからない。いっそのこと、ふってくれたらラクになれる？　いや、そんなの絶対にイヤだ。絶対にイヤだけど、落ち着かないよー。

気になる気持ち、知りたい気持ち、すっごくよくわかる。で、あんまりさぐったりするのもウザがられるかなって思っちゃうのも、ちょーわかる。気にしちゃダメだって言われたって、気になっちゃう。でも、気になることを素直に聞けない関係って、どうなのかな？　ほんとは、自分が気になっちゃってるのと同じぐらいに、相手にも自分のことを気になってほしい。メールだって、いっつも自分からばっかりでさ。

「相手が考えてることをすべてわかるなんてムリ」だと思うけど、好きなら「もっと知りたい」って思うんじゃないの？　もっと自分のこと知りたいと思って！　もっと気にして！

……これってワガママ？

5

ケータイでつながる恋

最近は高校生の九〇％がケータイやスマホ持ってんだよね。すごい。そしてここにケータイに対する価値観が正反対の二人がおりましたとさ。あなたはどっち派？

◎ケータイ中毒

気がつくと、ケータイを触ってる。最近、新しい機種に変えた。メールもやるし、ネットもやる。メールは、好きな人からきたメールは何回も読み返しちゃう（笑）。保存するし、別のフォルダに入れてる時もあった。新しい機種に変えたら、前のケータイに入れてた画像とかメールとか、見られなくなっちゃうのが残念なんだよね。だから、ときどき前のケータイも見たりする。ヤベェ、自分ってケータイ中毒なのかな⁉


うーん。あんまりメールしないからなぁ。一日一回すればいいほうだから、返事がこないなぁって思いはじめるのは二日目かな。

その感覚って、人によって違いそう。メールこないなって、どのくらいたつとみんな思うんだろう。

だけど、けっこう即レス基本って人もいるよね。そういう人には、怒られちゃうこともあるな。

あと、誰かと会っている時に長電話するのは、自分の感覚としては、ちょっといただけないなって思う。

自分が相手にやきもちをやく気持ちと、自分が相手に軽くみられているという気持ちが一緒に起こると、今いったい自分はどんな感情なのか見失うことあるよね。
そんな時は、誰かにメチャクチャでもいいから話したり、どんな気持ちか紙に書いて整理してみることにしてるよ。

友だち同士でもケータイに束縛されるってあるよね。

好きな人には、もちろん毎日メールしたい。メールできるネタを探して、ときどき「小分け」にしたりする。一回のメールじゃ、全部書かないんだ。で、一日のうちに何回か分けて送るようにする。あんまり送ると、ウザがられちゃうかな。今の人、あんまり返事こなくて、そうすると何回もケータイを見ては、「あー、まだ返事こないな。早くこないかな」って。返事くると、めっちゃうれしい。飛び上がるくらいうれしい。だから、たまにケータイを忘れて出かけちゃう日があると、すごく落ち着かない。早く家に帰ってケータイ見たくてたまらなくなる。充電が切れた時も、まるで、自分の電池が切れちゃったみたいになるんだよね。

毎日、友だちとは学校で会うけど、会って話すのとメールで話すのって、ちょっと違う。メールのほうが、ホンネで話せる気がする。あと、照れないで話せる。好きな人と会って話す時、あんまり深い話とか、重たい話はしないけど、メールだとできる。とくに夜中！　夜中のメールは、ヤバイ！　夜中に送ったメールを、朝になって昔は家の電話しかなかったから、家の人に隠れて、付き合っている人に電話するために公衆電話に行って、一〇円玉をたくさん積んだりして。

見返すと、すごく恥ずかしくなったりする！

だってさ、「好き」とか面と向かっては、あんまり言えないんだもんねー。ハートマークとか使ってくれると、もう何回も読み返して、しばらくは幸せな気持ちにひたる（笑）。電車のなかで見返して、寝る前に見返して、朝起きても見返しちゃう。もう、ケータイなしじゃ生きていけない。

メールの文章、どうしたらうまく伝わるんだろう……。

メールだと、ココロの温度が伝わりにくい。そんなつもりで書いたんじゃないのに、ってことがよくある。だからメールは難しい。声のほうがお互いの気持ちが伝わる気がする。お互いの表情が見えたほうがもっと伝わる。だから会いたい。でも、すぐには会えない。もし取り込み中だったら、電話も迷惑かも。だったらメールなら。でも声のほうが、会ったほうが……そんなスパイラル。

ケータイがなかった時代の人は、どうしてたんだろう。もしかして、ケータイが僕らのココロの取り扱いを難しくした？

自分もケータイ中毒気味。大好きなあの人と、おはよう、いってきます、おつかれさま、ただいま、おやすみ……って挨拶を交わしたい。大

好きな人だから、いろんな話題を共有したい。今こんなことがあってね、さっきテレビでさ、今日こんなもの食べてね、この服買おうと思うんだけどどう思う？　今ゴロゴロしてるよ……。別に行動をしばるつもりはない。今何してるのかなー？　って気になっちゃうだけ。知りたいだけ。（え？　それこそがしばりだって？）だから即レスじゃなくてもいいんだ。とにかく反応があれば安心する。でもレスがないと、今ヒマしてるはずなのに、なんでレスがないんだろう、今日一通もメールなかったけど、どうしたんだろう？　なんかヘンなこと送っちゃったかな？　怒らせちゃった？　事故にあったりしてないかな？　もしかして嫌われたのかな？　ってマイナスに考えはじめちゃう。どんどんいろんなこと妄想しちゃって、勝手に不安になっちゃう。もうそのことで頭がいっぱいになって、なんにも手につかなくなっちゃう。こういうのってダメだよなって思って、気にしないようにしよう！　って思ってる時点で、気にしちゃってる自分がいる。なんでいつも自分からしかメールしないの？　なんであの人からメールこないの？　なんでなんで？　そんなことも考えちゃう。完全にケータイ中毒だね。

◎ 携帯不携帯人間

私は、ケータイを持ってるけど、ケータイをよく家に置いて出かける。いわゆる「携帯不携帯人間」（笑）。メールは、「今日何時集合？」とか、「すみません、遅刻します」とか、「元気？　こんどカラオケ行こうぜ」とか。だいたい一文で終わっちゃうよね。たまに、怒ってるの？　と誤解されることがあるから、最近は絵文字的なものを文末に一つ付けてる！　コミュニケーション能力UP！

そもそも、メールとかって勝手に送られてくる。うちがトイレに入ってようが、いろんなことで頭がいっぱいだろうが、くる。そのタイミングでいちいち返信できない。いくらそのメールがうれしい内容でも。読んで、テンションあがって、閉じる。返信はできる時に、自分のタイミングでしたい。即レスしないって怒られても、マジか、って思ってスルーする。だって、できないもん。文末に「？」が付いてると、恐怖。

メールもいいけど、大事なことは、手紙か、会って話すのがいいな。この前、「好き」ってメールきて、私、ぶちギレた。なんでそういう大事なこと、メールなの⁉って。ちょっと、今考えると、キレることはないかもって思うけど……。

っていうか、電話も苦手。今付き合ってる人いるけど、なんとなく一日一回メールするけど、半年付き合って三回しか電話したことないよ。しかも、電話する時は、必ずメールで許可をとってからです。お互いね！　私は、付き合ってる相手でも友だちでも、長電話するくらいなら一時間でも会いたいな！

6 やっかいなやきもち

好きな人以外にも、家族やペット、親友、スタイルのいいモデル、お金持ちの人、成績優秀な人、スポーツできる人、親がものわかりのいい人とかにも、やきもちって感じるよね。


好きな人がいる。今何してるんだろう、って気になる。

もしかして他の子のこと好きになっちゃうかも、って不安になる。

自分の好きな人にとって二四時間、どんな話題でも自分がいちばん優先されるということはありえない。

現実、世界には七〇億人いるわけだし、そうでなくても、友だちとかいるでしょ。遊びたいでしょ。

勉強とか、仕事だってあるでしょ。趣味もあるでしょ。

だから、ずーっと一緒にいてとか、ずーっと自分のことだけを考えてとか、ありえないことを強要したくない。


じゃあ、「やきもち」って気持ちって何だろう?


結論。

「やきもち」状態になるほど、その人のことを好きってこと。

「やきもち」がココロに現れるのは自由。

「やきもち」になったら、その人のこと、そんなに自分が好きなんだ！　って喜べるようになった。

「やきもち」は、相手に伝えることは、ときに難しいし、ときに暴力になってしまうことがあると思う。

だから、今、自分が「やきもち」状態かどうかを、よく把握するようにしたいと思った。

そうすることが、相手への配慮なんじゃないかな。

でも、いつでも冷静にそう考えられるわけじゃない。

やっぱり、感情だけでぶつかっちゃう時だってある。

そういう時は、しっかり謝ることにしよう。

逆に、やきもちをやかれることも、うれしい時だってあるよ。

だって、それくらい好きってことでしょ。いつもだと困るけど（笑）。

やきもちチェッカー ✔

	ムリっ！	←	しょうがない	→	平気♪
1. メールが返ってこない。	□	□	□	□	□
2. メールの返事が短い。	□	□	□	□	□
3. 自分より別の子といっぱいしゃべって笑っている。	□	□	□	□	□
4. 他の子をほめる。	□	□	□	□	□
5. あげたものをなくされちゃう。	□	□	□	□	□
6. 前の恋人と連絡する。	□	□	□	□	□
7. 前の恋人と遊ぶ。	□	□	□	□	□
8. 他の子と二人だけで出かける。	□	□	□	□	□
9. 他の子と手をつなぐ。	□	□	□	□	□
10. 他の子とイチャイチャする。	□	□	□	□	□

ムリっ！派

思った以上に、自分は「やきもち度」高いかも！「昨日のドラマの○○くんカッコよかったよね～」とか聞くと、そのことが頭のなかで20回くらいグルグルまわるからね。そのタレントのこと、嫌いになる（笑）。

前の恋人と会うとかも、されたらイヤだなぁ。「会うなよ！」とか言うのは、なんかちょっとカッコ悪い気がするけど、でも「会うなよ！」って言いたい。うーん。

あ、だけど自分は他の子と出かけたいし、ご飯も行きたい！　前の恋人ともいまだに遊びに行くし。自分がされたらイヤだけど、自分はしたい（笑）。自分勝手⁉

しょうがない～平気♪派

私は好きな人がいる時に、やきもちをやくのがイヤだ。私が好きだという気持ちは、相手が誰を好きであろうが変わらないはずなのに、相手に同じ気持ちを強要するのがイヤだ。

相手がどう思っているんだろうっていう不安は、好きな人に対してじゃなくたってある。相手が考えてることをすべてわかるなんてムリ。自分のことをどう思っているかを知ろうとしたところで、不安はすべて消えるわけではない。仕方ないんだ。

その仕方のなさを、相手に八つ当たりすることは、よくないと思う。やきもちをやくということは、ときとして、私には八つ当たりに見える。

でも、八つ当たりだって、したくなることはあると思うの。だから、その時は、相手に「これは八つ当たりだよ、ごめんね」と、八つ当たりする最初に一言断るのが、最低限の礼儀なんじゃないかな。

7
うちらって対等な関係？

ねぇ、ケータイ見せて。
ねぇ、俺以外の男のアドレス消して。
ねぇ、俺以外の男と話さないで。
ねぇ、髪の毛ショートにして。
ねぇ、こっちの洋服着て。
ねぇ、遊びに行く時は俺の許可とって。
ねぇ、合コンに行かないで。
ねぇ、男がいる時はカラオケ行かないで。
ねぇ、俺のことを最優先にして。
ねぇ、友だちとの約束断って。
ねぇ、俺と友だちの約束は優先させて。
ねぇ、俺と会えない時は家にいて。
ねぇ、どっか行く時は必ずメールして。
ねぇ、俺にメールの返事求めないで。
ねぇ、俺がセックスしたい時、断らないで。
ねぇ、俺の言うことに口出ししないで。
ねぇ、俺を怒らせないで。

うん。

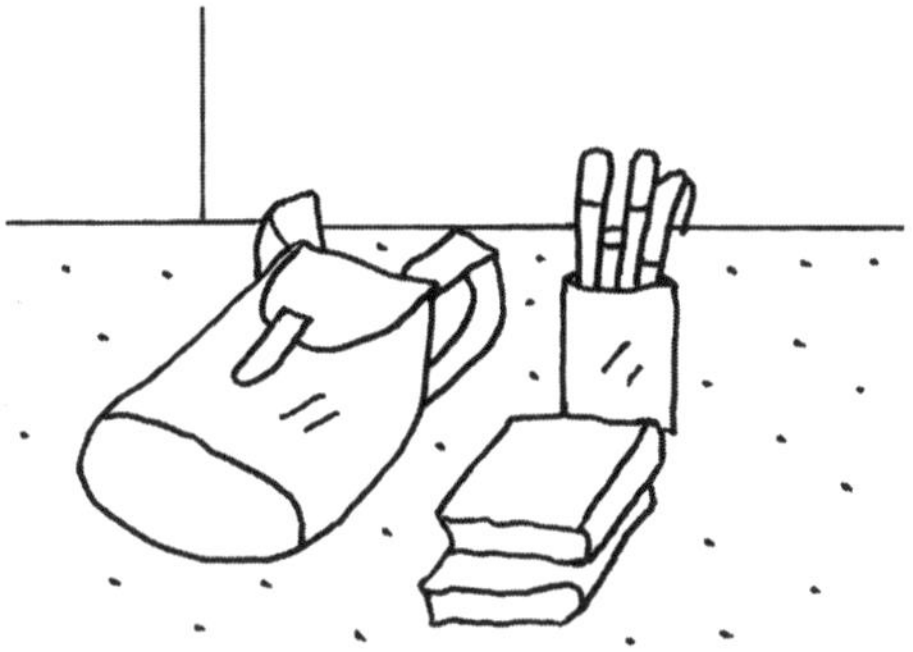

イヤ……なんて、言えないよ。
そんなこと言ったら……、うん、言えない。
そう、イヤなんかじゃない。……と思っていたい。

でも、この関係って何？
イヤって言えないこの関係って何？
彼が笑顔でいてほしいから、うんって言っちゃう。
彼のこと好きだし。会いたいし。

ほんとに会いたい？
会うの怖くなってきてない？

ううん、そんなことない。
会いたい。

でも、会って、また彼を怒らせちゃったらどうしよう。
また彼が不機嫌になったらどうしよう。
彼がそんな気持ちにならないように、私ががんばらなきゃ。
彼がそんな気持ちにならないように、私ががまんしなきゃ。

「嫌われたくない」って思えば思うほど、自己肯定感が低くなる。だって、そこでの基準って相手の基準じゃん。


会いたいけど、会うのが怖い。

苦しい。


なんで好きだと怖いの？

相手によく思ってほしいから、相手に合わせたり、自分を飾り立てたり、誇張《こちょう》したり。それを相手に見透《みす》かされるのが怖いんじゃないの？　本当の自分をわかってほしいと思いながら、本当の自分がわかられるのが怖い。

それだったら、本当の自分でいられる相手と一緒にいたほうがいいじゃん。


ううん、そんなことない。

だって、彼も私のこと好きって言ってくれる。

私も彼のことが好きって言う。

だから、私たち対等だよね。


あ、メールがきた。

こんどは何て書いてあるんだろう。

なんか、開けるのが怖い。

8 恋人とケンカしたこと、ある？

今日も電話がきた。ちょっとホッとした。これから彼女を迎えに行く。バイクで片道四〇分。往復すると一時間半くらい。時計を見ると、午前一時ちょっとすぎ。あー眠いよー。眠いけど、連絡がきてうれしい。ちゃんと愛されてるって感じがする。ヘルメット探して、あー眠いなぁ。帰ってきたら何時になるんだろう。昨日も遅かったし。

この前、俺が疲れてた時に「めんどくさい」って言ったら、彼女すげー怒って、三日間くらい電話しても出てくれなかった。迎えに行くと、前は「ありがとう」って言ってくれたけど、今はそれが当たり前みたいになっちゃってる。「それっておかしくね？」って、友だちは言ってたけど、でもそういうもんじゃないの？

イヤって言ったら嫌われるかも。イヤって思う自分のほうがダメなのかも。できれば言い合いやケンカはしたくない。もうちょっと付き合ってたら、相手のペースに慣れてくるかも。相手のペースに合わせよう。だって好きなんだもん。ほら、だんだん慣れてきた。相手のあの行動はそういうことだから仕方がないことなんだ、って思えるようになってきた。でも、この苦しさは何？　慣れてきたはずなのに、なんで苦しいの？　なんだか「次いつ会える？」って聞くのも怖くなってきた。でも会いたい……。

僕もよくある。「付き合う」って、こんな苦しいこともセットなんだから仕方ないんだって思おうと、がんばったりして。「慣れる」ってことは、がまんしたり、がんばったりする蓄積なんだよね。そう考えると、「慣れる」ってすっごい怖いなって思った。

自分が楽しいこと、好きなことをしている時、それをいつも喜んでくれる人が恋人だったらいいなとか、自分が悲しいこと、イヤなことがあった時、それをきちんと伝えられる人が恋人だったらいいなとか、そんなこと、たまになんとなく思うけど、だけど実際には、付き合っちゃうと、よくわからない。

だって恋愛って、どこか苦しいことも含めてっていう気がするし、何がうれしくて、何が悲しくて、何がイヤだったのかとか、本当のところは、自分でもよくわからないし。

相手が喜んでくれるなら、何だってしたい。だって、一緒にいたい。だって、自分のこと、愛してくれてる気がするし。それがいちばん「確実」だって感じがするし、生きているっぽい感じがするし。だって好きだったら、何でもできるはずだし。

でも、本当かな。やっぱり、わからなくなってきた。好きだったら、何でもできるものなんかな？　ほんとに？

この前ね、友だちに言われたんだ。「恋愛って自分が元気にならなきゃダメじゃん？」って。そりゃそうだ（笑）。「好きだったら、なんでもできる」って、やっぱムリだよね。やっぱりイヤなことはイヤと言って、したいこと、してほしいことも素直に伝えて、それでお互いの着地点が見つけられなければ、この「付き合い」もダメだってことなのかな。

美里と俺、ちょーラブラブだったんすよっ。あいつ、ちょー甘えん坊で、俺がいないと不安だって。どこに行くにも一緒。塾にも迎えにこいって言われて、メールくるとどこにでも迎えに行ってやってたんっすよ。俺は初めてできた彼女だから、ちょーやさしくしてやってたのに。あいつ、だんだん調子こいて、マック買ってこいとか、ペンダント買ってとか。中学生にはムリっしょ。小遣い限度あるし。そしたら、殴られんの。最初、マック買えない時、ちょーイラっとするとか言われて、腹殴ってきたんすよ。女だから甘く見てたら、あいつだんだん勢いづいて、本気でパンチしてくんの。俺もうイヤですよ。でも、あいつ俺が泣き言いうと、別れるとか言うから、仕方なくがまんしてるんす。

自分と今の恋人は二人とも、みんなからはズレてて、空気読めないし、家に居場所がない。そういうところ、似てる。周りからはオカシイって言われるかもしれないこ

【エスパー】
いわゆる超能力者の一種。他人の心を読むことができる。三歳ごろから「ババ抜き」で異常な才能を発揮し、試験の出題箇所を当てまくる。恋愛では、相手の都合を何も言われなくても察知する「気が利くキャラ」で通用しているが、しばしば不気味がられる。宇宙人という説も。

とでも、これが自分たちっぽい気がするんだ。でも、なんか、もう疲れたかも。疲れているのかも。なんか、やっぱりイヤなのかも。

友だちに話したら「イヤって言えばいいじゃん」って言われた。イヤなのかな？

でも、電話きてうれしいし。どうしよう、俺。

イヤだって口に出すと、自分の怒りが爆発しちゃいそうで、全然言えなかったことがあったな。
でも、イヤなことをイヤだって相手に伝えないと、相手もエスパーじゃないし、わかんない。だから、同じことがまた起きる。
相手のことを大事にしたいから、イヤだって言わなきゃって思った。でも、怒ったり、大声出したりしたくない……。
で、一度頭を整理したら、怒んないでもイヤだって伝えられた。相手もわかってくれたんだ。イヤだって言うことって、怒ることとは違うんだね。

9 失恋しちゃったんですけど！

やべー、ちょっと失恋しちゃったんですけど！　どうしよう。わー！　ゲームオーバー。世界の終わり⁉　新しい世界の始まり⁉

失恋いろいろ

A　正直、別れてホッとした〜。付き合ってて無理してたんだって思えた。別れられてよかった（笑）。
B　え？　なんで？？　意味わからないんですけど！　話しようよ！　電話……あ、つながらない。えー、どういうこと？　わー！　キャー！
C　次いこう、次！
D　……（体育座りで、ひたすら悲しんでいる）。

出会いがあれば別れもあるというけど、友だちとしても会えなくなるくらいだったら、恋人になんかなりたくなかったよーとか、でもまぁやれることはやったから仕方ないとか、いろんな気持ちが出てくる失恋。みんなはどんな感じで、失恋タイムを過ごしているのか、ちょっと聞いてみた。

失恋した時の対処法！

A　甘いものを食べる。部屋の片づけをする。スッキリ！
B　友だちに電話して一緒にカラオケに行く。
C　失恋した時に聞く曲がだいたい決まっているから、それをかけて泣く（笑）。

D　夜中に自転車で海に行ったりする。
E　とにかく次にいく！　前の人のことは忘れる。
F　いつまでもグジグジしてみる。
G　ネットで日記を書く。
H　これで次の人と出会うチャンスができた！　とポジティブにとらえる。
　他にも方法があったら、ちょっと書いてみよう。


　好きなのに、別れたほうがいい。これ以上付き合ってたら、自分が壊れちゃう。でも付き合っていたい。だって、大好きだから。また一人になるのは寂しいから。そう思うことはよくある。

　でも、ちょっと思い出してみて、誰とも付き合ってない時の自分を。自分の時間も有効に使えて、いろんなことに打ち込めてた。友だちともいっぱい笑ってた。食べ物だっておいしかった。ぐっすりたっぷり眠れてた。ね？　一人の時だって案外悪くない。

　あったものがなくなるのは、やっぱり寂しいけど、でも、あの充実してた一人の時間に戻るだけ。むしろそのほうがいっぱい笑っていられる。そう思ったら、別れもそんなに怖くない。

　見えない未来を不安に思ってマイナス思考のスパイラルに陥《おちい》るよりも、こいつとは合わないんだって、自分に合う人とはそのうちまた出会えるさって、そう思って、一人の時間をたっぷり楽しんじゃったほうが、ずっとラクチン。

　さぁ、友だちと号泣カラオケして、いっぱい笑っちゃえ！（笑）

10

恋愛＝セックス？

付き合っている人がいる。
最近よく家で会おうと言われる。
でも、二人っきりってことだよね。
こないだは、ちょっと断っちゃった。
外で二人で会うと、お金かかるからって言うけど、
ほんとはセックスしたいからなんじゃないかと思う。
自分は、まだセックスしたいっていうのがよくわからない。

付き合ってる人のことは、すごく好き。
趣味も合うし、いっぱい笑える。
だから、相手がセックスしたいと思っているなら、断るのもなんとなくイヤだし、
家に行くのを断って微妙な空気になるのも、
自分が相手のことを好きじゃないんじゃないかと思われるのも、イヤ。
でも、セックスするってことが、まだよくわからない。

性欲って誰にでもあるって言うけど、性欲あっていいの？
付き合ったらセックスするもんなの？
誰とするもんなの？
何歳からするもんなの？
とりあえずしとくのはいけないの？

セックスで傷つくことあるの？

——そもそも、セックスってどういうもの？

A　子どもをつくるのって、三〇代くらいからという時代。そしたら三〇歳まではみんなセックスをしていないの？　いや、いろんな人がいるでしょ。

B　自分はまだしたことないけど、なにげにすぐみんな別れるし、付き合ってるっていうだけでセックスしても、結婚しないんだったら意味ないじゃんとかも思うよ。付き合ってる期間、一か月じゃん。

C　でも、お互いの合意ならいいんじゃん？

B　その合意ってのがムズいじゃん。断り切れなくてっていうのは合意じゃないよね。酒に酔った時の合意も、ホントの合意じゃないし。「セックスしたくない」ってちゃんと言えるとか、それをちゃんと聞いてくれることが愛だと思うんだよね。

D　それわかる！　それ重要！

C　ってかさ、セックスって結婚する人同士がするの？　家に帰りたくない時によく泊まりに行く場所があって、そこの家の人としてたなぁ。

D　え、すごい年上？

C　いや、そんなことはない。うちが高校の時、大学生くらい。でも付き合ってる人じゃなかったよ。友だちんちに毎回迷惑かけるのもイヤだったから、その人んとこにいた。イヤな人とかではないよ。

D　へー。そっか。そういう関係もあるのか。自分は彼氏がいた時に彼氏としてたけ

【セックスの掟《おきて》】

1　暴力や支配の関係がない、対等な関係での合意がある。

2　泥酔《でいすい》しておらず、冷静な判断ができる。

3　お金を介在しない。

4　性感染症予防を必ずする（コンドームを正しく使う）。

5　子どもをつくらない場合は、必ず避妊をする（低容量ピルやコンドームを正しく使う）。

【DV（ドメスティック・バイオレンス）】
夫婦やパートナー間での暴力のこと。恋人間での暴力のことを、とくに「デートDV」っていうんだ。暴力って、殴るける以外にも、言葉とか、無視とか、そういうのも入るよ。

ど、セックスのために一緒にいるんじゃないかと思いはじめて、したくなくなった。セックスした次の日から付き合うっていうことになってたパターンで、それから、他の人と遊ぶ時、先に誰と遊ぶかって言わないといけなくなった。

A　わー、それ、DVっぽい。

D　そこまではなかったかな。というか、DVの手前で別れた。その人、うちの友だちと付き合ってた人なんだけど、うちの友だちは、後から聞いたらDV受けてたっぽかった。

B　どんな感じ？　殴るの？

D　いや、相手が仕事から帰ってきたら、そいつとセックスする、寝る、だけみたいな。断れなかったって言ってた。セックスした後、すっげー寂しかったたって。これってDVだよね。

B　なんで、そんな人と付き合っちゃったんだ⁉

――付き合うってどういうこと？

B　ってか、ごめん。さっき、付き合ってんの一か月じゃんとか言っちゃった。自分たち同士でいろいろ考えて、いろいろあって付き合ってたんだよね。

D　まぁね。でも、今考えると、なんで付き合ってたんだろ（笑）。そういうふうに思わない人を選ぼう、とか思うけど、付き合うと変わる人いるじゃん。

A　わかる！　なんだろね。付き合う前にわざとらしく丁寧《ていねい》だった人とか、すげーほめてくるヤツとか、付き合うと全然しなくなったりするらしいよ。

コンドームの正しい使い方って知ってる？ちゃんと使用期限があるんだよ。二枚重ねはダメなんだよ。「外出し」って避妊効果ないんだよ。そういうの知らないままでセックスってヤバイよね。

HIV検査は、保健所で名前を言わずにできるよ。HIVと一緒にクラミジアとか淋病も調べてくれるとこもあるよ。

B　あー、わかる。だから、初対面の印象が悪かったりする人のほうが、後から仲よくなったりしない？　友だちもそうだけどさ。

C　まぁ、うちらもさ、けっこう長いっつっても一年とかじゃん。だからやっぱ今日話してみて、知らないこともあったし、落ち着いて一緒に過ごしてみないと、相手のことってわからないものだよね。

D　自分が付き合った時は、成り行きっていうか、とりあえずしてもいいかなって程度だったけど、楽しかったこともあるけど、妊娠とか性病とかは気になったよ。

B　実は性病とかよくわかんない。性病予防や避妊もコンドーム使うってことしか知らないし。どうやって使うの？　使う時、どっちから言い出すの？　相手がつけるの断ったら、どうしたらいいの？　セックスについて知らないことといっぱいなのに、よくセックスできるよね。

C　うちらは一緒にいろいろ読んで勉強したよ。

――性欲ある？

A　これまで、セックスの話だったわけだけど、性欲はない人もいるけど、ある人もいるよね。

C　自分はある。こんなこと聞くのアレなんだけど、みんな、自分でも触る？

B　まぁ、性別関係なく、マスターベーションしたい時はするよね。自分のペースでやるのが健康なんじゃない？　しすぎるとバカになるとか聞いたりしたけど、それウソらしいよ（笑）。

COLUMN

付き合ってる人のやさしい顔が好き

今、彼氏いて幸せ。家がイヤだから、けっこう彼氏んちに行く。
でも彼氏の家に行くと、ご飯が食べられない。
彼氏は仕事してて、帰ってくる時間に、うち寝てることが多い。
彼氏は仕事終わって、自分でご飯食べてる。
それが終わると、セックスを求められる。
お腹すいたけど、外に出るのはどうやらダメらしい。
コンビニに行きたいって言うと、フツーに機嫌悪くなる。
うちがご飯食べるタイミングがないのが悩み。
彼はやさしい。笑った顔が好き。
ほんとは、ご飯食べたい。
コンビニ行くぐらいで機嫌悪くならないでほしい。
彼の寝顔を見てると幸せな気持ちと苦しい気持ちがグチャグチャになって、
なんだか涙が出てくる。
ほんとは自分で自分の気持ちわかってる。
でも見たくない。向き合いたくないんだ。
友だちの意見も聞きたくない。
だって、自分ですでにわかってるから。
苦しいってことを。
別れたほうがいいってことも。
彼のやさしい寝顔を見てると涙が出てくる。

11

ＤＶ――これって愛なの？

恋人にイヤなことをされた時、みんなはどうする？

自分がイヤだなと思った時、それをうまく伝えられるといいけど、なかなかうまくいかないと、ＤＶ（ドメスティック・バイオレンス）ってやつになってしまうことがある。

ＤＶは相手の気持ちや、相手を支配するためにふるわれる暴力のこと。特別な人がふるう特別な暴力ではなくて、けっこうよくあるパターンなんだよ。具体的には、こんな経験をしていたら、ＤＶのパターンにはまっちゃってる可能性があるみたい。

ＤＶチェッカー ✔

1. 他の人と遊ばないようにと言われる。……□
2. 一緒にいない時に何していたかを全部説明しなくちゃいけない。……□
3. 二人の間に何か都合の悪いことが起きると、全部あなたのせいになる。……□
4. メールや電話の履歴を勝手に見てくる。……□
5. しょっちゅうバカにされる。……□
6. 見た目やカラダのことで悪口を言ってくる。……□
7. お金を勝手に使っちゃう。……□
8. セックスを強要してきて、断ると怒られる。……□
9. コンドームをつけるのをイヤがる。……□
10. 殴ったり、けったりしてくる。……□
11. これらのことをたびたび謝ってくるけど、全然よくならない。……□

ここに当てはまることを自分がされていると、そのうちに「こんなことをされているけど、本当は自分が悪いんだ」とか「これも愛なのかもしれない」とか思いはじめることがあるんだけど、それは愛情ではなくて、暴力なんだ。一度暴力をふるわれたら、それがエスカレートしていく可能性が高い。「お前のこと（あなたのこと）好きだから」とか「従わないなら別れてやる」って言われるかもしれないけど、それもやっぱり愛情ではなくて、暴力なんだ。

大切なのは、あなたは悪くないんだってこと。あなたは悪くないし、暴力や支配がない恋愛をしていいんだよ、そういう恋愛はできるんだよ。

もしＤＶっぽいな、と思ったら、周りの信頼できそうな友だちや保健室の先生とかに相談したり、相手から安全に離れてみる作戦をたてることもいいね。自分の力で相手を変えてあげたいって思うかもしれないけど、それはとっても難しいことなんだ。もし自分がやっていることがＤＶだと気がついたら、やっぱりまずは他の人に相談して、それをしないためにはどうしたらよいか作戦をたててみよう。

大切なことだから、もう一度言うね。あなたは悪くないし、暴力とか支配のない恋愛ってできるんだよ。

COLUMN

「みんな仲よく」って言うけどさ

よくさぁ、教室の黒板の上あたりに、「みんな仲よく」って標語が貼ってあったよね。あれってさぁ、ムリじゃね?って、いつも思ってたんだよね。だって、あの人のこと嫌いなんだもん。考え方は合わないし、価値観も違うし、趣味も違うし、話題も合わないし。そんな人と「仲よくしなさい」って言われたって、ムリだよ。

でも、そういうことも言っちゃいけないと思ってた。同じクラスの人だし、仲よくしなくちゃいけないと思ったし、仲よくできない自分が悪いんだって思ったし。だから、がんばった。「みんなちがって、みんないい」ってよく言うし、自分と違うあの人を認めてあげようって。理解してあげようって。たぶん、あの人も同じようにがんばってたと思う。

でもね、やっぱムリ。どうがんばったって、あの人の考え方には賛成できないし、価値観合わせらんないし、嫌いなものは嫌い。それに「認めてあげよう」なんて、なんて上から目線なんだって気づいたし。だって、もし自分が「認めてあげるよ」って言われたら、なんかムカツクし。で、好きになれないってことを自分で認めたら、ちょっと気持ちがラクになった。

世の中、こんなにいろんな人がいるんだもん。嫌いな人はいるよね。気の合わない人っているよね。自分だって嫌われたり、理解されなかったりすることだってあるじゃん。「みんな仲よく」なんてウソだよ。

でも、だからって、嫌いだからって、その人にイヤがらせはしない。自分だってされたくない。あの人の言うことや、することの邪魔はしない。もち

ろん自分は意見が違うってことは言うし、ときには言い合いになることもあるけど、そんな時はとことん言い合う。そしたら、お互いの妥協点が見つかるかもしれないし。あの人が嫌いだからって、ちょーイヤなヤツだからって、いじめや仲間はずれの理由にはならないし、しちゃいけない。自分だって、そんなことされる理由はない。

こんだけいろんな価値観がある世の中なんだからさ、学校でも「みんな仲よくしましょう」じゃなくて、嫌いな人とか気の合わない人とも、どうやってこの教室で生活するかってことを教えてほしいよね。って言ったって、先生だってそんなこと教えらんないんだろうけどさ。だって「正解」なんてないんでしょ。試行錯誤《しこうさくご》するしかないってことでしょ。

とにかくさ、「みんな仲よく」って標語は、やめにしない？

修学旅行で「あの子と同じ班になるのヤだぁ」とか、「苦手な子と同じ班になっちゃった」と凹んで「行きたくない」と悩んでいる子、いるよね。そんな時、「いいんだよ、同じ班になったからって仲よくなんかしなくたって」ってアドバイスしたら、「ちょー気楽。おとなって、みんな仲よくしか言わないじゃん。そっか、仲よくしなくてもいいんだよね。だったら、行く」って、急に明るくなったよ。

第3章
"ちょっとめんどくさい自分"

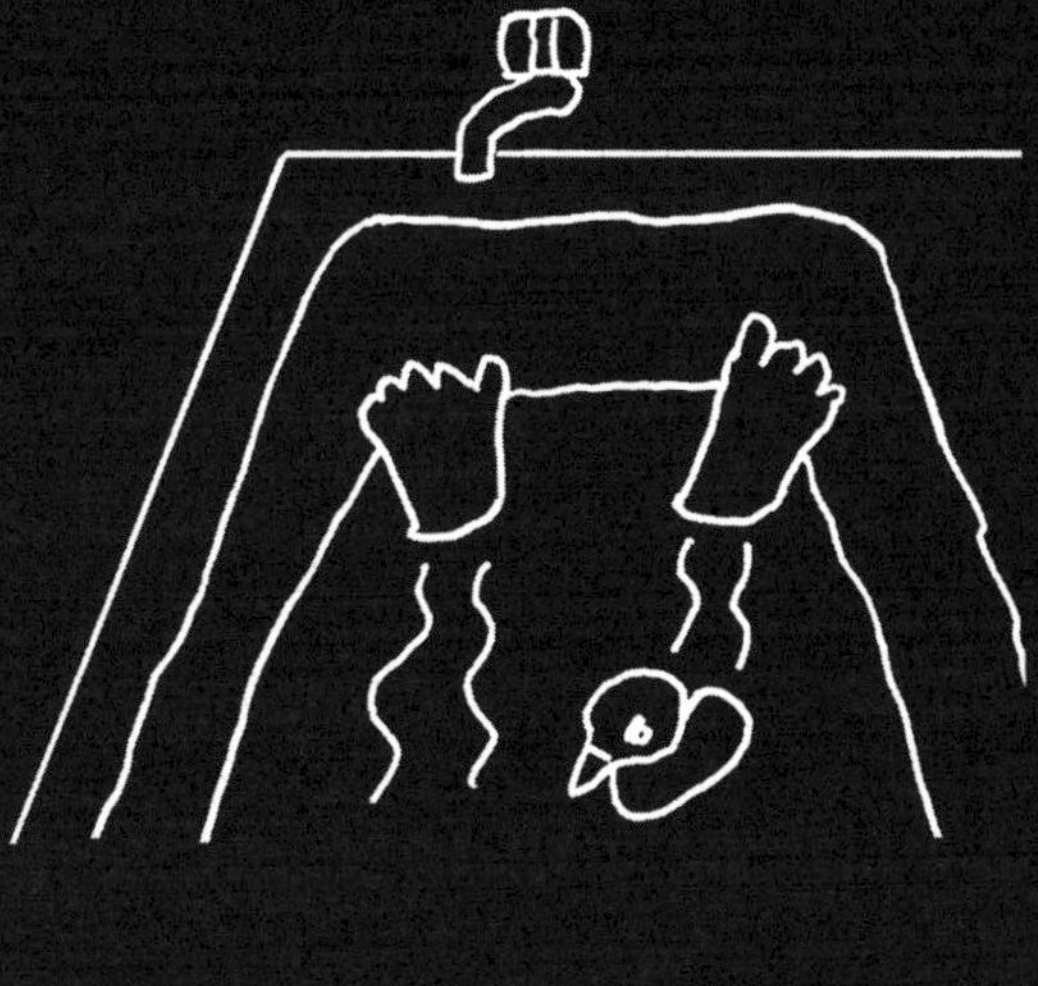

1
誰も、自分のことを知らない町へ

遠くの町に行くんだ。
映画で観たような国道を抜けてさ。
荷物は少なくしてバスから降りると、自分のことを誰ひとり知らない町に着いてる。
学校なんか、さぼってさ。家になんて帰らない。
そんな日、こないかなぁ。
終わらない夏休みみたいに、特別な自分だけの日。

旅先には、自分のお気に入りのものだけ持って行くんだ。
まずは、最近買った靴。歩きやすくて、どこまでも行けそう。
Tシャツを何枚か。手軽な格好がいいよね。
音楽も必須！　ポータブルプレーヤーと充電器。
そうそう、ケータイも持って行ったほうがいいかな？
（だけど電波が入ると、メール見るのはめんどくさいかも……。）
あとは、やっぱりお金！　お金は大事だよね。

お気に入りのもの以外は、すべてここに置いていこう。
行き先は……そうだなぁ、海が見えるところ。
空は、きっとすごく青くて、夕焼けが死ぬほどきれいなんだ。
誰も、自分のことを知らない町に行きたい。
そうしたら、きっと、自由になれる気がする。きっと、自分でいられる気がする。

もし、自由になったら。もし、自由になったら、自分は何をするんだろう。
今は、いろんなことがめんどくさいって思ってて、それがなくなっちゃう。
ちょっと怖いかも。
自由になったら、本当にしたいことがわかるのかな。

2

そんなこと言ったって……

こんなことばかり……いつも考えてる。一人でいる時も、みんなといる時も。むしろ、みんなといる時のほうが、「みんなといる」ことをがんばっているかも。

修学旅行の時、あのグループに入れるのか、バスは誰の隣なのか。一緒に座ろうと声をかけてもらえるのか。お昼ご飯を食べる時も、一人で食べるのが怖い。一人で食べていると、友だちのいない寂しいヤツ、って思われるかもしれない。

勝手に思わせておけばいいんだろうけど、でもやっぱりイヤだ。なんだか見下されているような気がするからかもしれないし、それとも、図星だからなのかも。「一匹狼」的なキャラづくりをがんばってみようかな。

一人でいても大丈夫な場所を探してみた。図書館、自習室、屋上、保健室。ここでご飯食べられないかな。

はみ出してたっていいじゃん。一人でいることだって悪くないじゃんね。いつも「みんなと一緒」ではなく、「一人にもしてくれる」くらいの友だちとの距離感があったら、オシャレかも！　とかって、テンションがあがる日もある。とはいえ、やっぱりみんなといたい日もあるから、そのへん自由にできたらいいよね。

3 ナルシスト全開！

自分の好きなところを、とりあえず思いっきりあげてみる！

☆二の腕の筋肉がちょっとついてるところ
☆友だち想い（友だち少ないけど、濃い！）
☆まつ毛が長い
☆ペチャパイ
☆もみあげ。髪を切る時、もみあげは死守！
☆足の形がなんとなく好き
☆さばさばしてるところ
☆いいことも悪いこともはっきり言う
☆骨ばっているところ
☆笑うとできるえくぼ
☆一人で行動できる
☆へその下の毛
☆男ものも女ものも着られて、会うたびに印象を変えられる！
☆顔がデカくて、けっこう覚えてもらいやすいところ
☆ほんとはデブだけど、着やせする

いろいろあるね。いくつか思い当たることあった？　けっこう自分っていいヤツじゃん！

自分が好きな自分は、どんなだった？

「自分らしさが大事」っていう時の「自分らしさ」が、「自分が好きな自分の部分」だったらいいけど、自分らしさって、それだけじゃないっぽいから面倒なんだよね。

でも自分が「自分が好きな自分」だけだったら、それはそれでちょっとどうかと思うんだ。

「自分らしさ」とか「個性」とかあんまない、「フツー」な自分。「自分のどこが好き？」って聞かれるよりも「どこが嫌い？」って聞かれると、いっぱい答えられる。そんな弱気で自意識過剰なところが「自分らしさ」かも？　うゎ、なんか凹む……。

「個性は大事だよね」「あなたの個性は？」って聞かれるのは、もっと困る。「自分らしさ」とか「個性」とかいったって絶対誰かとかぶるし、そんな人、世界中にいっぱいいるだろうし。

この人ってこういう感じかなって思った時、その人っぽさを好きになると、大事にしたくなる。「自分らしさ」っていうか、その人っぽいっていうの、私は好きだ。

でもその「っぽい」っていうのも、変わっていくことだってある。だから勝手に押しつけられないし、押しつけられたくない。

すでにつくられていたイメージから外れると、「あの人らしくないよね」とか「キャラが違う」とか言ったり、言われることがあるけど、そんなこと気にせず自分は自分の思うがままに生きる！

キャラ替え失敗？

中学卒業まで自分のことを「僕」って言ってたんだけど、「あいつホモっぽい」とか「オカマ」って言われるのがイヤで、高校に入ってから「俺」って言うようにした。でも同じ中学からきた人もいたし、自分でも「俺」って言うのがシックリこなかった。クラスの女子からも「キャラ違うよね」ってコソコソ言われてた。だから、ますます口数も減っていって。高校って、あんまりいい思い出なかったな。

それが、大学に行ったら「僕」ってフツーに使ってる男子がいて、「俺」ってムリヤリ使ってた自分がバカらしくなって、また「僕」って使うようにした。たったそれだけなんだけど、すごく心が軽くなったんだ。

COLUMN

風邪をひいた時の自分の声が好き！

風邪をひいた時って、声がちょっとハスキーになって、そんな時の自分の声が好きなんだよね。カラダはだるいんだけど、ちょーテンションあがる！　まわりが心配してくれて「だいじょうぶ？」なんて言ってもらうと、さらになんだかうれしくなる（笑）。もうずっと、これでいいんじゃね？　って思うけど、残念なことに、元気になると声がもとに戻っちゃうんだよね。

俺、自分が病弱なところもけっこう好き。なんか秀才とか天才って、カラダが弱いイメージあるじゃん。短い人生をすごい濃く生きている感じ、っていうか。だから俺、風邪をひいた時って、なんだかうれしい。俳句とか詩とか詠《よ》みたくなるね。熱が出て、カラダがしんどい時は早く治れって思うけど、治ったら寂しい。

夏の自分が好き。黒いと引き締まって見える。風呂に入ると、バスタブの白と自分のカラダの黒とのコントラストにうっとり。日サロ行っているヤツなんかより絶対俺のほうがカッケーイイ、なんてねっ。でも冬になると、だんだん脱皮したみたいになり、白くなっていく。色がさめてくと、やっぱ気持ちが冷めていく。それなのに冬になると食欲が出ちゃうから、下っ腹出てくるし。部活も早く終わって運動もしなくなるからかなぁ、デブでぶ、ブヨぶよ、ぼよよ～ん。夏は、白の体育シャツが似合うねって言われたけど、冬は膨張色になるから、白ブタって感じ。早く夏になってほしー。やっぱ若者には、夏でしょ。

4
こんな自分が大っ嫌い

身長が低くて……

女子からは「身長が低いとカワイく見えて、うらやましい」、男子からは「女子で身長低いのは、射程範囲広くって得だ」なんて言われる。中学生の時は「上目づかいしてんじゃねーよ」とか、先輩にいじめられた。しょーがないじゃん。あんたたちは、身長が伸びてよかったね。

私は、うらやましいとか、得とかよくわかんない。高い場所のものが、台がないと取れない。子ども扱いされる。満員電車に乗ると窒息しそうだし、気づいてもらえず降りられないことだってある。痴漢にあったことも数知れず。デイバッグの金具も目に当たりそうになるし、赤ちゃんの足でけられたこともある。私はフツーの人間ですが……と思ったり。

得なこと……うーん。バスケの時、ボールを運ぶのがうまかったことぐらいかな。

私は「カワイイ」って言われるより、「いいヤツ」って言われるほうがうれしいな。

毛深い！

中学二年の時は、自分の腕や足に生えている毛が無性に気になった。なんでこんなもん生えてるんだ。

剃《そ》ると濃くなるって聞いた。一本ずつ抜いた。めんどくさくてイヤだ。泣きたいほどイヤだ。うまく処理できない。いくら剃ってもまた、次の日には生えてる。かかりつけの小児科の先生に相談したら、「動物の毛皮、コートとか流行《はや》ってるじゃない？だから、まぁ、生えてても オシャレよ（笑）」だって。かなりムカついた。悩んでるのに。

おとなになって、毛のこと気にならなくなっている私。毎日毛を剃ったりはしなくなった。肌も傷《いた》むし。好きな人のこととか、将来のこととか、まだ悩みはある。でも、悩みって変わるんだよね。今死ぬほど悩んでることも、一〇年後は、どうでもいいと思ってるかもしれないよね。

変わりたいけど、踏み出せない

カラダが細い、オシャレじゃない、優柔不断《ゆうじゅうふだん》、恋愛観が重い、考え方が幼い、ものごとをあまり知らない、積極性がない、まじめすぎる、集中力がない、努力できない、自己中心的、人見知り……。まだまだあげられる。

わかってるなら、変わりたいなら、一歩踏み出せよって、よく言われる。それができればコンプレックスになんて思わないよ。そう簡単に言わないでよ。そうやって言い訳して一歩踏み出さないところも嫌い。

どう見えているんだ、自分

いろんな人がいろんなところを見て、思わぬところを好きって言ってくれたり。自分が知らない自分のいいところを教えてくれたり。でも、自分が知ってる嫌いな自分を、人にどう見られているか、気になる気になる！　何か言われたら、どーしよう！　でも、人はそんなふうに思ってないかも。自分では気にしてることを、「たいしたことないじゃん」とか言われたら、自分のなかで気持ちはラクになるかなぁ。何もわかってないのに言われたくないし！　って思う時もあれば、好きな人に言われたらちょっとうれしいとか。

とにかく、他人の目は気になるもの。とりあえず、よく思われたいわけですよ！　どう見えているんだ。自分のここが好き、ここが嫌いっていうのって、いろんな見方があるし、その見方も変化するみたいだ。いろんな人がいろんな評価してくれていて、意外なところを好きとか、カッコイイとかセクシーとか、センスいいとか、言ってくれる。だったら、「どう見られたいか」っていう「理想」も考え直さないとな。「好きな自分」も「嫌いな自分」も、どっちも自分。

自分のコンプレックス!?

嫌い		好き
髪がまとまらない	髪質が天パ	髪の毛のなかに違反物かくせるじゃん
普通がわからない	ノリが合わせられない	個性的でオリジナル
デブ	お腹がちょっと出てる	まるいお腹カワイイ
貧乳	おっぱいが小さい	Tシャツが似合う胸
カワイくない	顔がでかい	舞台映えする
へたれ	人見知り	しっかり人を見きわめる
毛が濃くてやだ	わき毛	ワイルドでセクシー
気に入らない	ほっぺがまるい	年取った時に若く見える
気に入らない	眼が一重	切れ長・アジアンビューティー
たんそく	脚が短い	着物向き・熊みたいでカワイイ
エロ	すぐエロいことを考える	エロ
カワイくない	背がでかい	モデル体型
気に入らない	ほくろが多い	セクシー

“自分のコンプレックスだと思っていることを書いてみよう”

5 モテる基準って？

◎モテに生きる

マンガとか雑誌読んでると絶対、「背が低い男はモテないから、これを使って背を伸ばせ！」とか「デブはモテないから、これを飲んでやせろ！」「脱毛はここで！」「包茎《ほうけい》はここで手術を！」って広告ページがある。特集の記事も「今年の秋はこれがモテる！」とか「愛されるコーディネイトはこれ！」とか、そういうのがいっぱい。

でも、モテるために何かをしなくちゃいけないのって大変！

モテるためにやせる、太る、鍛える、オシャレに気をつかう、髪形を変える……。モテるためにがんばるのって、なんか自分が自分じゃなくなる気がする。だけど、実際にやせたり太ったり、鍛えたり、髪形を変えたりすると、それはそれで、なんだか自分でもテンションがあがっちゃったり、モテなかったら悲しかったりもするわけで。

◎個性を引き出したらモテる!?

雑誌の特集で「個性を引き出すコーディネイト術」とかやってた。でも引き出していい個性と、引き出したらモテない個性の二種類があるだろうなと思う。ここまでの個性はモテるから引き出していいけど、ここからの個性はモテないからちょっと、みたいなのがどっかにある気がする。「個性」のダブルスタンダード。

それに、その雑誌のとおりにみんながしたら、それはもう「個性」じゃないじゃん。そんな「個性」って何だよ。

【ダブルスタンダード】アッチとコッチで判断や評価の基準を使い分けること。だいたい、アッチを排除するためにコッチに都合のいいように使われる。コッチが力をもってる側（たとえば教師とか親とかおとな）だと、アッチに追いやられる側（たとえば子ども）は腹が立つことが多い。

昔の人は「ふくよかで、目は細くて、おちょぼ口」の人が美人だったんだって！　「おかめ納豆」の「おかめ」さんみたいな人。マジかよーって思った。

好みもそれぞれ

ゲイの人たちの好みって、本当に人それぞれ。チビが好きな人は「チビ専」、デブが好きな人は「デブ専」って言うらしい。毛深い人が好きってヤツや、包茎好きってヤツだっている。しかも、それを好きだってことが「恥ずかしい」とか「おかしい」とかじゃなくて、みんなフツーのこととして、ゲイ雑誌にそういう特集も組まれちゃうんだぜ（笑）。おかげでデブ＆チビ＆包茎＆毛深い俺も、モテるモテる（笑）。

女の子にモテるのは、ゲイにモテるのよりもハードルが高いのかな？

最近やたらモテる

彼女ができて落ち着くようになったら、最近やたらとモテるようになった。うれしいけど浮気するわけにいかないし、なんか不思議。友だちに聞いたら、「落ち着いて余裕があるふうに見えるからモテるんじゃね？」って言われた。そんな感じなのかな。前にモテたのは、中学で転校した時と、バンドでギタリストやってた時。転校生ってやたらモテるけど、何で？　バンドの時は、ライブのたびにキャーキャー言われたけど、駆け引きみたいなことをされたのはキツかった。モテるのも、ときどき大変だと思う。

モテる基準

キムタクは昭和の人でしょ。韓流は整形疑惑だし。江戸時代のイケメンってオシャレだったんだよね。男の人も赤とかの襟《えり》をつけてたり、文化っておもしろいね。男が

「ビートルズ」のような、あのマッシュルームみたいな髪形が一時流行《はや》ったらしい。でも、それが不良扱いされた時代もあったって。
不良

スカートはいている国もあるし、お尻が大きい女性がモテる国だってあるんだよね。

モテる基準とか、外見とかって、やっぱりそこそこ重要なことなんじゃないかと思う。だけど、けっこうそれっていいかげんで、本人が意識していないところで（不覚にも）モテてしまったり、あるいはモテたけどいろいろめんどくさいことが起きてあんまり楽しくなかったり……ってこともあるっぽい。その人が、すごくムリをする（ハードにやせたり太ったり、一生懸命に包茎の手術代貯めたりするとか）とかじゃなくて、その人っぽくいられる状態で、その人のよさをわかってくれる人と出会えたらいいんじゃないかと思う。

だいたい世の中の「モテる基準」とかって、あと一〇年もしたら変わっちゃうような、いいかげんなところがあるんだしね。とはいえ、モテたいとか自分を変えたいって気持ちも、やっぱりそれなりに大切。「あと一〇年もしたら、とかって考えられないし！」って叫びたくなるような場合には、やせたり太ったり、脱毛したりしつつも、「モテる基準がすべてではないんだ」って、どこかで思っていることが重要なんだと思う。

COLUMN

歳を重ねるのもカッコイイ

昔は、美容院に行くのが楽しかったのに、最近ユーウツ。歳とると、見た目は変わってくるから。

でも歳を重ねると、いいこともあるよ。

数々の恋愛の失敗が経験値になり、同じタイプの男は選ばないから成功率大。

おいしい店とか、楽しかった場所、いっぱい知っているから、食べたり飲んだり旅したりするレパートリーが増えた。人に案内する楽しみもある。

悩んでいる若者たちに体験談を語ると、役に立つみたいで、頼りにされる。やっぱり稼ぎが増えて少しは貯金もできて、お金が自由に使えるようになった。

反抗期のころの自分が大っ嫌いだった親の年齢になり、はじめて親も子どもの反抗はキツかっただろうなって感じて、親にやさしくなれた。こないだはじめて、母親を旅行に連れて行った。親孝行な自分もけっこういい感じ。

昔より圧倒的に、モテるようになった。「昔、モテたでしょう」ってナンパされることもあるけど、今のが絶対モテている。やっぱ、おとなの女の落ち着きとか、包容力とかが魅力になっていくんだよね。

ボキャブラリーも知識も増えたから、会話に困らなくなった。

なんだ、歳とるのも悪くないじゃん。

★
★
★

ゲイってなんだか、外見をものすごく気にする人が多いって気がする。たしかにカッコイイ人が多い。年上の人だと、高価な美容液とか使って、スキンケアとか、がんばってる人もたくさんいる。そのせいか、実年齢よりずっと若く見える「バケモノ」がたくさん（笑）。

だから俺、歳をとるのがすっごくコワイ。なんかもう、それが口グセになるぐらい言ってる。俺、ブスだけど、将来、老け込みたくない。

歳を重ねるって、どういうこと？　カッコイイ歳のとり方って何だろう？「若いね」って言われるのはうれしいだろうけど、ただそれだけっていうのもなんだか虚《むな》しいのかも。自分から見て、「カッコイイ」人ってどんな人だろ？　とりあえず、いろんな人と出会って、話して考えてみよう。まずは清潔にして、安い化粧水でも使ってみようかな（笑）。

男性用の雑誌によく、包茎だと彼女に嫌われるって書いてあるけど、そんなこと思ってる女なんてほとんどいないよ。ちゃんと清潔にしていればＯＫなのに。こんなふうに煽《あお》られちゃって、男の人も大変だね。

6 オシャレの「教科書」

ファッション雑誌

モデルって何なの。みんなちょーやせてるじゃん。あんな人が着てる服が私に似合うわけないじゃん。まったくオシャレの参考になんかなんない。「モテプヨ」とかの特集モデルだって、たしかに他の人よりかは太めかもしれないけど。上半身デブは足首見せてとか、下半身デブは小顔を強調とか、着やせテクニックはどれも使えないって。私、オールデブだし。

あとさ、シャネルやヴィトンの広告ってどうよ。買えないっつーの。

プチ整形

目を二重に整形したい。でも、テレビで整形依存症になって顔が扇風機みたいになったおばさんの番組見たら、やっぱやめとこうかなぁと悩んでる。

私、不器用だからアイプチうまくできないの。ちょーうまい子いるよね。いいなぁ、化粧のうまい子。雑誌見ても、二重の子ばっかりだから、参考にならないよ。あっ、でもね、化粧うまい子にそう言ったら、「うーん、半分うれしいけど、素顔ブスって見られてるってことだから、半分悲しい」って言っていた。なんか、ほめ言葉も難しいね。若く見えますねー、ってのも同じだ。

整形って、別にいいじゃん。自分が満足できればいいと思うけど。プリクラで盛った写真を自分の待ち受けにしているんだけど、毎日見ているうちに、こっちのほうが自分のような気がする。整形しなくても、満足しちゃった。

サイズがない！

いいなって思った服、だいたいサイズがない！　試着室で着てみたら、借り物みたい。なんとかならんのか！　SMLの服にカラダを合わせるんじゃなくて、服のほうが人間に合わせてほしい。袖口は長いと冬は寒くなくていいけどね。やかんとか袖口でつかめるし（笑）。

社会科とか世界史の時間に、「産業革命」っていうの習った？　一八世紀に大量生産のための機械化が始まったんだって。それで、今はほとんどのものが機械でつくられてるけど、自分はこれにすべての原因があると思うんだ。機械で大量生産をするものだから、SMLっていうサイズ展開ができたでしょ。それで、ちょっと肩幅が大きかったり、おっぱいが大きかったりすると、サイズがない。モデル体型のマネキンみたいにはならないんだよねー。

どこからが太っている？

BMI値、体脂肪率《たいしぼうりつ》、体重……。体重が重くても、丸くない人もいる。身長が高ければ、そのぶん低い人よりは重くなるはず。ダイエットしすぎると、月経不順になる。腰回りの脂肪は保温の役割があるから、ダイエットして保温効果がなくなると、お腹が冷えてしまう。冷えると、月経が不順になる。ダイエット、冷え、月経不順の連鎖《れんさ》について、誰も教えてくれなかったじゃん。思春期は、ホルモンバランスが整ってないから、体型がむくんだり、イライラしてドカ食いして太ったりする時期なんだって。おとなになると、身体のホルモンの周期や、生活リズムが安定するから、二〇

歳過ぎれば「やせ期」がくるんだって。やせたいって悩んでいる人には、うれしいお知らせかもね。

◎太りたくても太れない！

テレビを見ても、雑誌を見ても、電車の中刷り広告でも、ダイエット、ダイエット。やせる方法ばかり。自分には関係ない話。だって、太りたいんだもん。そう言うと、えー、何でー？　やせてるほうがいいじゃん！　って返される。パンツはくとフィットしなくて、だらしない感じがイヤ。もっと肉をつけて、パンツやTシャツをカッコよく着たいし、水着になってもイタくないカラダになりたいのだ。やっぱり、ある程度肉づきがいいほうがカッコイイと思う。

食べればいいだけじゃんって簡単に言われるけど、小食な自分にはキツイ。すぐ満腹になって、それ以上食べると気持ち悪くなる。頭痛までしてくることもある。それに一度食べると、なかなか空腹にならない。なんて燃費《ねんぴ》のいいカラダなんだと、自分をほめるしかない（涙）。

それなのに世の中、やせろ！やせろ！　の大合唱。「夏までに簡単に太る方法！」なんて特集の雑誌は見たことない。誰か、「小食な人でもムリなく太る方法」を教えてくれ！

COLUMN

美容院トラブル

今日は二か月ぶりの美容院。めんどくさくて予約しなかったら、いつも担当の阿部さんがいない！　阿部さん腕いいし、しゃべらなくていいからラクだったのに、ピンチ！

「担当の木村です！　今日は、満足して帰っていただけるよう……」

うーん。なんか元気。イヤな予感。

「あれ、カラーがムラになってますけど、阿部ですか？　よくあるんですけど、カットもカラーも美容師のエゴじゃダメなんですよ」なんて、聞いてなーい！

「っていうか、アウジーとかスレイとか、あんまいかないですよね。路線変えちゃって、オシャレしちゃいましょうか。女の子っぽくフワッと仕上げますね」って、アウジーもスレイもいくし！　しかも、フワフワ系イヤなんだけど！

「顔も整ってるんだから、メイクとかもがっつりライン引いてあげちゃったほうがいいですよ！　今年はカワイイ系を極めちゃいましょう！」って、もう、いいかげんにして！　あたしを何にしたいわけ⁉　生まれは女子だけど、そんなふうになりたい欲求まるでないんですけど！　それこそ美容師のエゴだよね（笑）。

こんど行く時は、阿部さん予約します。

★★★

美容室って、店員さんが勝手に雑誌を選んで持ってくるよね。それによって、店員さんが自分をどんな印象で見ているのかわかっちゃう。若い男性ならこれ、一〇代女性ならこれ、とか決められている。性別不詳な外見で行くと、けっこう面白い反応があるらしい。というわけで性別不詳のみんなに、美容室で置かれる雑誌事情について突撃インタビューしてみた！

「だいたい芸術関係の雑誌。あたし自身がアートみたいだから」――たしかに中性的を極めた人って、アートっぽい雰囲気かも（笑）。

「しばらく迷ったあげく、『ドラえもん』を出された」――それはテキトーすぎるだろ。

「ラーメンや映画、文房具とか時計の雑誌。モノ関係（笑）」――たしかに性別は関係ないもんね！

7

毎日のイヤなこととどう付き合うか

こんな時、どうする？

バスケット部の一、二年はポニーテール禁止だって。

えっ、校則には、書いてないしっ。髪一つで結ぶのは清潔でいい感じだって、お父さんもほめてくれるのに、なんで部活ではダメなんだろー。三年生だけは、いいんだって。

いつからバスケ部の伝統になったの。いったい誰が決めたんだろう。顧問の先生に聞いても、「うーん、いつからなんだろ。前の学校では、お団子ヘアー禁止だったっけ。基本的に女子の間のもめごとには介入しないから、よろしく」だって。

無責任じゃないの？　何のために顧問がいるの？

そんな時のための裏ワザ

①家のしきたり

わが家には明治時代から続くしきたりがあり、女の子は一三歳になったら髪を頭の後頭部で束ねなければならない。

②アトピー説

首に髪がかかると病気が悪化するので、医師にポニーテールにするように言われている。

③私は女優説

実は私は、海外の映画の子役なんです。今、役づくりのために、映画の主人公と同じ髪形をしているの。じゃないと首の振り方、頭に手をやるシーンのイメージがつかめないから。
④みんなでやれば怖くない
一年七人、二年九人、三年六人。一、二年団結して全員明日からポニーテール。一人だから怒られるけど、みんなでだったら言わないと思う。
⑤生徒会選挙に出るしかない
こんど立候補しちゃうんだ。真っ向勝負。だって、裏校則って、うちの部だけじゃなくて、みんなおかしいって思ってるもん。

◎えっ、それはヘンでしょ

その他、いろいろな「しきたり」「きまり」のなかには、やっぱヘンなものが……。でも、すぐに変えられない場合は、ポジティブシンキング（前向き思考）！
☆高校生なのに、男女交際禁止ってヘンだよ。法律で結婚できる年齢なんだよ。
★いっそ、籍入れて結婚しちゃうとか。
☆通学路、ちょー大回りなんだけど。交通事故防止って言うけど、歩いている距離が長いほど交通事故にあう確率高いんじゃないの。時間までに学校にくればいいでしょ。だって親の車で送り迎えしてもらってる人は、違う道を通ってるんだから。
★通学路が生徒で大渋滞《じゅうたい》したって言って、遅刻の理由にしちゃう。
★通学路の抜け道マップをつくる。
☆うちの学校、シャーペン禁止。
★鉛筆を全部4Hにして、老眼の教師に読めないぐらい薄い字を書く。

★クラスの生徒全員で、担任にシャーペンをプレゼントして、全員おそろいにしたいと言って感動させる。

★芯が落ちて床が汚くなると言うから、鉛筆の芯をボキボキ落として、どっちだって同じだと思わせる。

COLUMN

こんな自分って性同一性障害？

電車のなかで、白いワイシャツを着た男子高校生が笑ってる。自分も、あんなふうに無邪気《むじゃき》に、自分に似合う制服を着たかった。白いシャツを着て、グレーのズボンをはいて、革靴をつぶしてはいて。めちゃくちゃうらやましくて、嫉妬《しっと》して、爆発しそうになる。なんで自分は、セーラー服を着なくちゃいけないんだろう。誰が決めたんだろう。なんで、こんな目にあわなくちゃいけないんだろう。

学校ではジャージ姿でいて、登下校の時には、すっぽり着られるジャンパーを上からかぶって、それでも自分が着せられているのが女子の制服だってことは変わらない。

自分が「女子」という型に入れられていることは変わらない。こんなのイヤだって、ココロで叫んだって、毎日着なくちゃいけない制服。気がついたら自分の人生まで、まるで灰色になったみたいだった。

こんな自分って、性同一性障害？　こんな自分って、いったい何なの？　自分は、本当は男なの？　女なの？　考えはじめると、めちゃくちゃグルグルする。そもそも男とか女とか何なの。性別って誰が決めたの。考え出すと、まるで頭のなかで戦争が起きたみたいになる。

性同一性障害かどうか気になるけど、なんか病気とか病気じゃないとか、人生を他の誰かに決められてしまう感じもイヤだ。困ることはいろいろあるけど、好きな服を着られる自由、嫌いな服を着ないですむ当たり前の毎日。そういうものがほしいんだって思う。

8 人に言えないことだってあります

◎ 頭がごちゃごちゃしてる時

生きていれば人に言えないことが出てくるわけで。付き合ってる人がちょっとヘンで困ってるとか、家の人が殴るとか、お金がなさすぎてどうしようもないとか、自分の性別が周りが思っているのと違うとか、そういうのかな。

言える人や言えるタイミングもあったりするけど、いろんな理由で、自分のなかに言えないことがたまっていく時がある。

わかってくれないかも。他の人と違いすぎる。誰かに話したって変わらない。恥ずかしい。相手に悪い。いろんな思いが交差する。頭がごちゃごちゃしてくる。

もちろん言わなくっていい。言いたくないんだもん。ただ、話せないなって思う気持ちがあるってことは、なんとかしたいなって思っていることだったりもする。だから、なんとかなる時に、人に話して力を借りることもできるんだ。そうすることで、相手の経験や情報の共有なんかもできて、自分の頭も整理できるかもしれない。

◎ 言えないこと・言いたくないこと

いちばん言えないことって、何だろう。

家族のこと。ママは身体中に入れ墨が入っている。会いたくない。家庭内暴力。パパの自殺。ママの不倫。

いじめられたこと。リストカットしてること。中絶したこと。

自分の身体の性別に違和感をもっていること。同性が好きなこと。

自分がバカだってこと。

そんなこと言えない。言いたくない。かわいそうだと思われたくない。みじめだと思われたくない。

本当は言いたい。でも、誰に言ったらいいかわからない。今まで誰も聞いてくれなかった。ちゃんと聞いてくれる人は誰ですか？

9 誰に話したらいいの？

うちが思ったことをあの人に話すと、なんだか違くなる（自分がわからなくなる）。うちが思ったことをあの人に話すと、まとまる（自分がよくわかる）。うちが思ったことをあの人に話すと、面白い言葉が返ってくる（新しい発見がある）。と、誰に話すかによって、自分に返ってくるものが違う。

こういうことされると話したくなくなる、っていうこともある。安心できる距離感っていうのがあるのだ。

たとえば、すっごいしつこく聞かれすぎても話せない。でも、ずけずけ入ってきてくれないと、話せないこともある。

プライバシーを他人にベラベラしゃべるヤツはムリ！　俺はこいつのこれを知っているよと、ドヤ顔するヤツもムリ！

何回も話すのが面倒だから、「あの子にも言っといて」と言うと、正確に伝えてくれる子がいい。

こいつに話してもわかってもらえないだろうって思うのは、環境が違いすぎて自分が話したことにびっくりしすぎるとか、逆に、環境が同じすぎてあの子に話すのは重すぎるかも、とかいう場合。

何がしたくて今自分が話しているか、途中で冷静になってみることも必要だと思う。話すことで、新しい視点・情報がほしいって時もあるよね。「そっか」って言ってほしいだけの時もある。

話を聞く時も、その逆を考えればいい。この人は何がしたくて話しているんだろう、どう聞いたら話しやすいかな、とか。

＊＊＊

昔はケータイがなかったから、夜に長電話ってしなかったんだって。「夜は一人で物思いにふける」ものだったらしいよ。で、その時に自分と向き合ったんだって。

自分と向き合う、か。うちはそれしてるな。夜、一人で物思いにふける。「赤い日記帳」っていうのを持ってて、今考えてることとか、悩んだりしたこととか書くの。すると、けっこう考えてることが整理できて、思っていることを相手に伝えやすくなったり、悩みも解消したりする。

悩んでる時に一方的に友だちに話したら、「俺は壁じゃない」と言われたことがある。大切な相手の時間をもらって、自分ばっかり話してた。そりゃ失礼だ。それで、最低限まとめてから話せる余裕がある時は、そうしようって思った。余裕がある時はね。だから、一人の時間も、うちには必要。大事な人を大切にするため。

＊＊＊

家のことはあんまり話さない。同情されたくないから。でも、親が離婚した子同士だと、雰囲気でわかる。友だちになった子と少しずつ距離を縮めていって話をしてみたら、やっぱり同じ境遇だった。

そんな感じで、遊び仲間の四人のうち三人は離婚家庭。今はオープンに話せるよ。生活保護手続きとか、母子家庭の税金対策とか、知っていたほうがいい情報も交換しあえる。親の離婚はつらかったって言う子もいるけど、暴力をふるう父親とは早く別れてほしいって思ってた子もいる。父親が大好きだったから、母親のことを嫌いになって反抗期に入った子とか、別れても親と仲がいい子もいるし、逆に一度も親と会ってない子もいる。

やっぱ、家庭環境もいろいろ。あんまり違いすぎると話が合わないかも。似てる環境の人だったから、ここまでオープンにできたのかも。そういうつながりって、うちにとっては重要。

＊＊＊

この前、帰り道で「なんでも話せるのが親友だよね」って話で、みんながうなずいてた。それなら私には親友がいないじゃんって思った。だって好きな人の話とかしたことないし、将来のこととかも話さないし。でも、みんなとはちょー仲良しなつもりなんだ。

でも最近、たまたま「なんでも話せるのが親友とは限らないじゃん」って言ってるドラマのシーンを見た。それなら私にも親友はいると思う。ちょっと安心した。

＊＊＊

いろんなこと、全部親に言わなきゃいけないと思ってた。でも、おとなになったら、親に言わなくても、一人でできることばかりだった。親に言う必要があることだけ言えばいいと思った。わかってほしいっていう気持ちがあったら、親に話せばいい。親にわかってもらいたくないことは言ってない。言わなくてもいい。

10

自分だけでは解決できない時

相談先は一五一ページを見てね。

いろんなことがあるけど、自分一人では解決できないことに巻き込まれることが、ときどきある。こういう時、「人に話す」ことが必要になるけど、話してみる相手と場合によっては、うまくいくことと、うまくいかないことがあるよね。

たとえば……。

◎付き合ってる人がちょっとヘンで困ってる時

相手は「こんなの当たり前」とか「みんなやってる」とか「好きだから」とか言ってくるけど、なんかヘンだと思うし、怖い。たとえば、ケータイを勝手にのぞいたり、むりやりカラダを触ってくるけど、そういうのってイヤだ。こんな時には、自分一人でとか、恋人と二人きりでは、らちがあかない。

付き合っている人が暴力をふるってくる場合には、ＤＶ（ドメスティック・バイオレンス）に詳しい人たちがやってる電話相談にかけてみるのもいいかもしれない。暴力をふるっている人は、「これは暴力じゃない」「お前のためを思ってやってるんだ。だから愛だ」と、「愛」であることを強調したり、「バラしたら、どうなるかわかってるよな」と脅してみたり、かと思えば「もうしない」と言って泣いたり、いきなり優しくしてきたり（プレゼントをくれるとか）もするから、やられる側はかなり混乱する。

そういうことが何回も繰り返されたら、周りの友だちに相談するだけじゃなくて、専門の相談員に話をしたほうが、いろんな問題が整理できるからいいと思う。基本的に、相談する時には名前を言わなくていいし、話したくないことは話さなくてもＯＫ

だよ。

ちょっと残念な反応

知り合いに相談したら、「愛されてる証拠」とか「うらやましい」とか、がまんしろって言われた。がまんしたら変わるかも、って言われた。「二度としない」って恋人に泣かれたし、そんなもんかなと思ってたけど、最近またもとに戻っちゃった。

相談しても意味がなかったのかな……。

あと、暴力をふるうとかじゃなくっても、付き合ってる人がいろいろと大変そうな時（たとえば家がヤバイとか、リストカットがやめられないとか）は、その人の近くにいるあなた自身が、相談できる相手を見つけておくのもいいと思う。二人のことを二人だけで解決しようとするんじゃなくて、話ができそうな人をちょっと見つけておくのはオススメ。

話してみてよかったと思えた反応

自分が「そんなの、どんなカップルにもあることだから仕方ない」って言った時、相談相手がそんなことないって言ってくれて、目が覚めた。

あと、別れ話をした後に、なんだかんだよりを戻したくて泣いた時も、ガッカリしないで話を聞いてくれた。

◎親がヤバイ時

家に帰ると、大変なことが起きていた。とくにひどい時は、勝手に自分のお金を使われたり、食事がなかったり、暴言を吐かれたり。どうしたらいいか考えるのも面倒になって、三日間くらい家出してみた。

このまま帰りたくなかったけど、お金とかもいるし、いろんな書類にハンコ押すのは親だし。俺、将来やりたいことがあるし、今やりたいこともいっぱいある。もう行くとこなくて、あきらめるしかないと思って家に帰った。でも次の日に、階段から突き落とされた。もうブチ切れて、こんなところにいられるかと思って、また家出した。

もう夜遅くて電車はなかったけど、中学の時の先生んちに歩いて行って、ピンポンを押した。わけがわからなくて泣いていたら、一緒に「子どもの人権一一〇番」というところに電話してくれるって先生が言った。とりあえず、ご飯を食べさせてもらった。何も考えたくなくて、出かけるのも怖くて、ケータイも見るのが怖くて、三日間くらい先生の家で過ごした。着替える服がなかったから、先生が三〇〇〇円くれた。買い物に行くのが怖いと言ったら、先生が仕事帰りに買ってきてくれた。ダサかったけど、着替えた。

土曜日になって、先生が一緒に電話しようと言ってくれた。子ども本人からじゃないと、受けつけてもらえないからって。

知らない人に家のこと話すのは抵抗あったけど、電話で話した。弁護士の人に会いに行くことになった。子ども向けのシェルターっていうところがあって、しばらく生活できるんだと言ってた。で、お金は全然持ってないって言ったら、それでもいいらしい。しばらくは、ちゃんとご飯を食べて、ちゃんと寝るようにって言われた。しばらくっていうけど、その先はどうなるの？　また家に帰らなくちゃいけないんだったら、こんどは殺されるかもしれない。でも、うまくいくのかなんてわかんないけど、これ以外に方法がないんだったら、そうしようと思った。先のことは、まだちょっとよくわからないけど。

これまでずっと、仕方ないって思ってきた。でもこんどは、もう絶対に家に帰りたくないって思って、こうやって行動した。「あんたの力になれるおとなは絶対にいる。あんたの家族の当たり前だけが当たり前じゃないのよ」って先生は言ってくれて、よくわかんないけど泣いた。

もうみんなみたいに、学校とか行けないかもしんない。だけど家には帰りたくないし、帰らなくてもいいようにできるんだって言ってくれる人がいるから、そっちのほうに進んでみることにした。

第 4 章

"未来地図を描く"

1
人間いろいろ、性別もいろいろ

◎ 性別って、どうやって決まるの？

突然だけど、「あなたの性別は、どんな性別？」って聞かれたら、何て答える？

「男だよ」「女」「性格的には、あんまり女っぽくも男っぽくもないかも」。

「そもそも考えたことがない」「うーん……なんか違和感あるって思ってた」。

「女なのに友だちからゴリマッチョとか言われて、余裕みせて笑っているけど、凹んでる」。

「料理や掃除が好き。女だったら、いい嫁さんになるのにねって、ほめられてる気しない」。

性別って、すごく大ざっぱに言えば、カラダの性別（性器の形とか）で決められていることが多い。誰が決めているのかと言えば、生まれた時に立ち会ったお医者さんが外性器を確認し、性別判断。その結果を聞いた親が、男の子っぽいとか女らしい名前を決め、戸籍を届けに行って記載した時にいた役所の人の承認により、法的に決定。意外と簡単に決まっちゃうんだね。

つまり、認識と承認は、自分以外の他の誰か。そこで決められた「女」とか「男」とかのカテゴリーに沿って、だいたいの人は一生生きていくことになる。

だけど、なかには「誰かに決められた」性別は自分にとってはちょーシックリこないんですけど、って人もいる（そういう場合は性別を自分で決めることもできる）。「誰かに決められた」性別はそれはそれでいいけど、わりと「男」とか「女」とか、キュークツじゃね？　って人もいる。

母子手帳には、生まれた赤ちゃんの性別を書く欄が「男」「女」「不明」の三つあるんだって。知ってた？　外見じゃ身体的に男か女かがすぐに決められない子どもも一定の割合で生まれてくるから、この時のために性別欄が三つあるらしい。でも、赤ちゃんが生まれた後に役所に「出生届」を出すんだけど、この時には赤ちゃんの性別は「男」か「女」かどっちかなんだよね。つまり、生まれた時にはどっちかわからない赤ちゃんでも、役所に届ける段階では、男か女かどっちかの性別に決めて出さないといけないってこと。

自分の性別や性のあり方について、悩んじゃうことはある。「自分は男なのに、なんでみんな女扱いするんだ」とか、「自分はずっと女だと思って生きてきたのに、この身体は何なんだ」とか、「なんで同性が好きなだけで仲間はずれにされるんだ」とか、「自分は男だけど、みんなが言う〈男らしさ〉は大嫌いだ」とか、「こんな自分は世界で一人だけなのかもしれない」とか。でもね、けっこうみんな似たようなことで悩んでたりするんだ。もちろん自分独自の悩みもあるよね。

ただ、知っておいてもらいたいことは、「人間いろいろ、性別もいろいろ」ってこと。そして悩んじゃったら、その言葉を聞いて、一緒になって考えてくれる人がいるということ。自分が女だと思っていようが、男だと思っていようが、男／女って枠組みには当てはまらない（当てはめたくない）と思っていようが、身体の性別を取り戻したいと思っていようが、身体はそのままでいいと思っていようが、ムリに性別を奪われたり、または押しつけられたり、望まない手術をさせられたり、恋愛感情が向く性別を変えさせられたり、望まない「らしさ」を押しつけられたりしないということ。自分の「性」が尊重されるということ。

◎ 男っぽい？　女っぽい？

男っぽいとか女っぽいとかよく言うけど、そのイメージって一人ひとり少しずつ違っている。男とか女とかいう軸だけじゃなくて、神とノーマルの軸も入れて考えると、その人らしさが浮かび上がってくるんじゃないか、ということに気がついたので、「人間成分表」というのをつくってみたよ！

「人間成分表」

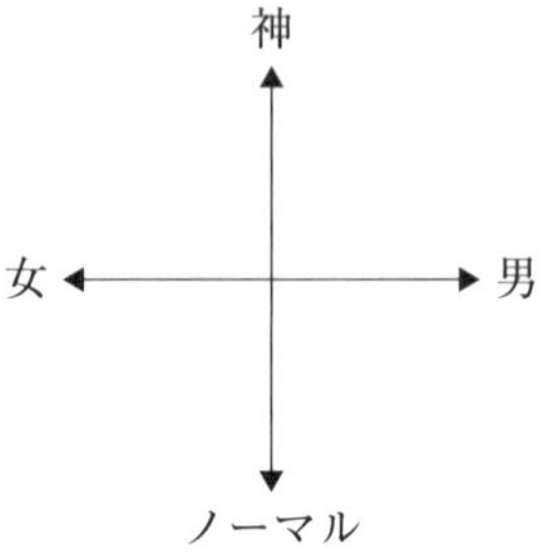

© 荒井哲、曽根田健一、他１名（当時高校生）
feat. 武田明恵

たとえば、こんなA～Cの三人は、人間成分表だと、どこらへん？

【料理】彼氏といる時は、超女の子！　今日もクッキー焼いちゃった。
【特技】メールの早打ち、めっちゃうまいよ。

【料理】料理とか普段からするけど、好きなもの食べたいだけ。牛丼を山盛りでつくる。
【特技】猛禽《もうきん》類のようにタイプの男を撃ち落とすこと。

【料理】すし握る修行中でございます。
【特技】幼少期からやっている日本舞踊でございます。

A〜Cに当てはまるところへ投票してもらったよ。

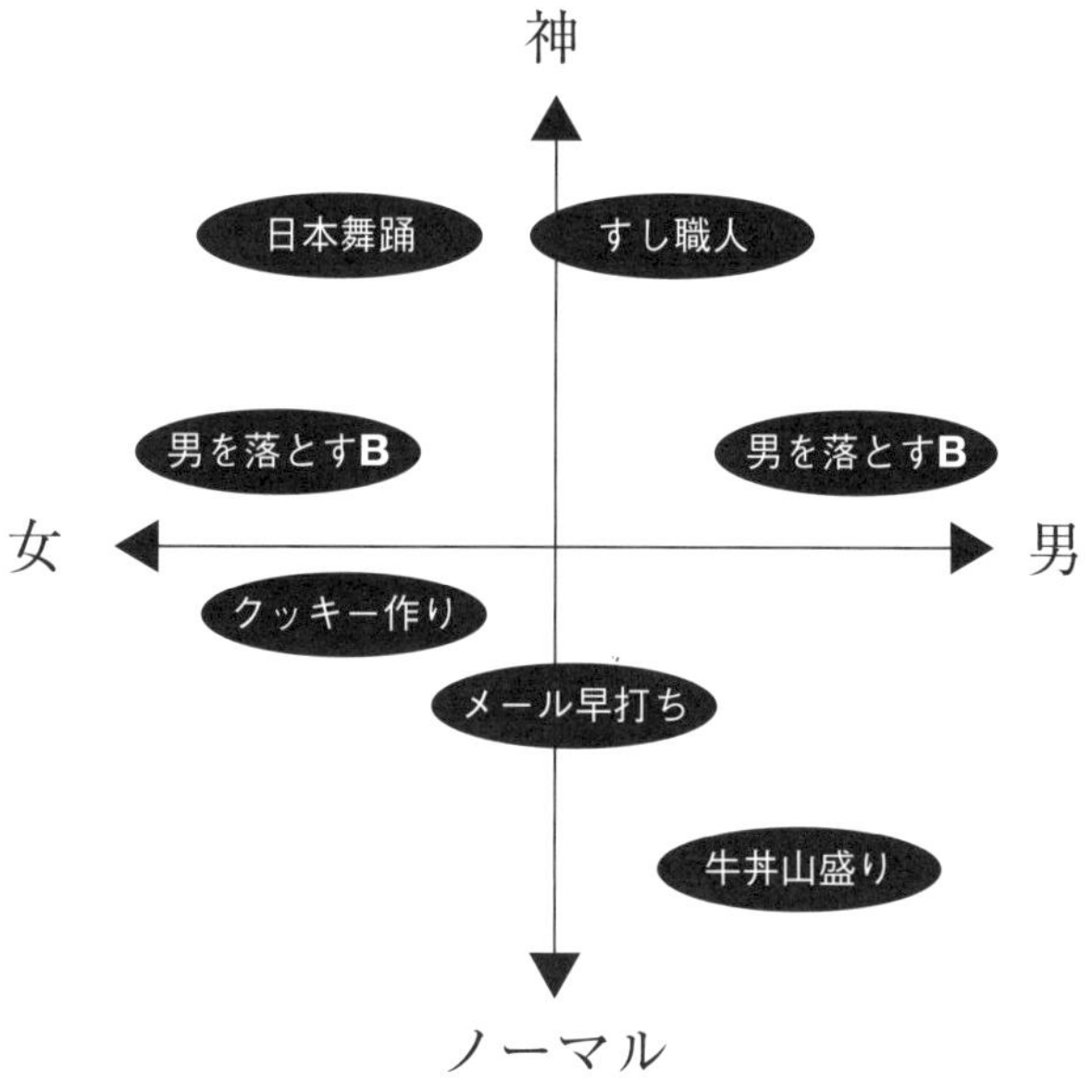

【感想】

こんな感じかな。てか、ノーマルって何？（笑）

男を落とす時は、全力で「女」のセクシーさをアピールするけど、目は男の目をしているような気がするから、二つのところに投票しちゃった。

オホホホホ。

その人がその人であることと、「人間成分」は深く関係している。「人間成分」には性別の軸が関係しているけど、他にもいろんな軸がある。性別の軸も、ちょー大ざっぱな「男」「女」の両端に分けられるだけじゃなくて、よくよく考えたら「真ん中らへん」とか「女より」とか、いろいろなバージョンがあるんじゃないかな。あと、何をしている時か、誰と一緒にいる時かによっても、「人間成分」は違ってくるかも。

てか、ドラえもんってロボットなのに男なんだよね。ロボットは神エリア？

というわけで、ちょっと遊んでみよう。人間成分表、あなたはどこらへん？

自分は「ちょっと男より」って感じかなぁ。んで、人間成分表だったら、たぶんフツーのエリアに入ると思う。性格は女っぽくも男っぽくもない。ただ、ゲーセンで太鼓叩いている時は神って言われる（笑）。

僕は「ノーマル」の「男」エリアかな。男が好きだけどね。ちょっとオネエ入ったりする時もあるけどね。ピンクのポロシャツ好きだけどね。プーさん好きだけどね。甘いもの好きだけどね。酒飲めないけどね。腕力ないけどね。優柔不断だけどね。日曜大工とか好きだけどね。ガーデニングも好きだしね。あと、自分は「女」だって思ったことはないしね。「フツー」じゃない？　いやいや、こんな「男」なんてどこにでもいるっしょ。フツー、フツー。そんな特別な存在じゃないよ、僕は。

服装によって印象変わるよね。女エリアに属しているけど、中身は男って感じ。昔はボーイッシュな感じで、その後、付き合いはじめた彼氏の好みに合わせて女子モード全開ファッションにしてみたんだけど、その時の写真は気持ち悪くて見たくない。ようやく、ボーイッシュでもセクシー、フリフリでも媚びない自分スタイルのファッション楽しめて、着ているものに着られない自分になった。

COLUMN

ココロやカラダのことで困った時

ココロやカラダのことで困ることがあった時、病院に行きたいんだけど、そのことが親にバレたら困るから迷う、って場面がありがち。そんな時、どうしたらいいだろう？

なんか、ちょっとヤバイかも。「病院」に行きたい。妊娠したかもしれない、病気（性感染症ってやつ？）もらったかもしれない。食べたもの全部吐いちゃってる。全然眠れないし、起きられない。自分のカラダの性別がすごく気持ち悪い。とか、さ。

「病院」に行ったら、何かしてくれるんじゃないかって思うけど、保険証を使うとなると、親にバレちゃうんだよね。それはちょっと困る。ひっそり行きたいのに。一人で悩んでることだからこそ、一人で病院に行って相談したいのに！　うおー。

でも、このままほっとくとヤバイかも。ちょっと、この事態！　悪くなることはあっても、よくなっていくことはないよねぇ。うーん。

学校の保健室なら使えるかも。少なくとも親にはバレないと思うし。他の子たちがいない時を狙って、ちょっと行ってみようかなぁ。ちょっと頭痛がするとかいって、授業中に保健室行けばいいかな。でも、学校の人たちと誰も顔を合わせたくないからこそ、病院に行きたいんだけどなぁ。なんとかして行けないものか。

周りに信頼できる友だちとか、ちょっと年上とかいたら、どうしてるか聞いてみるとかいいかも。あと、もしかしたら利用できる何かがあるかも。

一応日本でも、税金でいろんなサービスをやってるから、とりあえず、電話で聞いてみる。窓口がわからなかったら、何でも相談みたいなとこに聞いてみる。緊張するけど。とりあえず状況説明できるように、紙に書いてから電話するのもアリだよ。電話なら匿名《とくめい》でもできるしね。

やっぱりちゃんと正しいことを教えてくれるところや人がいいよね。

2

さまざまな家族のカタチ

◎「家族」って何?

「家族って何」って聞かれた時、昔だったら、父と母ときょうだい、祖母、あっ、それから、ペットの猫……ぐらいしか思い浮かばなかったけど、このごろいろんな人たちと深い話ができるようになり、いろんな家族がいることを想像できるようになった。

母と、もう一人の母と同居してる人。
父と、私とは別に暮らしている母。
俺と彼氏とワンコ。
親の顔は見たことないけど、ここで暮らしているみんなが家族だ。
俺と彼女とその子ども。
うちと彼氏と、私の子どもと、彼の子ども。
祖父と僕。
私と彼と、いろんな国からの養子。
俺と、遠く離れて暮らす彼女と彼女のお父さん。
僕と母と母の彼氏。
私と、別れた夫と、夫の前妻の子どもたち。
俺と、亡くなった彼氏。
私と一緒に暮らす友だち三人と猫三匹。
私一人。

どんな家族が幸せなの？

やっぱり結婚した両親がいて子どもがいて、といった家族が幸せなのだろうか。いや、そうとは限らない。さまざまな人が集まって幸せに暮らしている「家族」を知っている。血がつながっているのに、一緒にいて憎しみあっている家族も知っている。一緒にいるからこそ、幸せではないのかも。いっそ別れて暮らせば、幸せになれるんじゃないかと思う家族。

「結婚」していなくても幸せな家族だってある。お互いの名字が違う家族もある。「結婚」した同性同士の家族もいる。愛情はなくても、「契約」で「結婚」している家族だってある。

あんな家族のカタチは幸せじゃないよね。あんなの家族って言えないよ。子どもがかわいそうだ。そういう言葉って、よく聞く。家族の「幸せ」って、誰が判断するものなのだろうか。周囲の人から、あなたの家庭は幸せ、不幸せって判定されるものなのか。

自分たちが「家族」だと思っている者同士で、どのように生活し、どのようにその暮らしを幸せだと思っているかは測れないのではないか。「普通の家族」「不幸せな家族」を存在させるのは、その家族本人たちではなく、他人の評価。

「幸せ」って何なのだろう。「家族同士が愛し合っている」のが「幸せ」な家族だって言われても、実はよくわからない。愛し合っている？　ひとつ思うことは、「対話」ではないだろうか。「暴力」ではなく、「対話」で応答しあう関係。「幸せ」って、案外そんなことではないだろうか。その「対話」ができる関係がもてていることを「幸せ」のひとつとするならば、それは「家族」だけにとどまるものではない。友人、恋人、先輩、後輩、同僚、上司、部下、ご近所の人、自分の街で働く人、ネットでつながっている人、この国の人、世界中の人。と、その関係性はどんどん広がっていく。つまり、自分の声がこの世界のなかで誰かに聞いてもらって、誰かがそれに応答してくれる。だから自分はここに存在している。「対話」のなかに存在する「幸せ」。それこそ「平和」（ちょっとデカイか〈笑〉）。

「家族」から広がりすぎたけど、「さまざまな家族のカタチ」を考えるということは、「平和」につながるんだね。だから家族のカタチで保障されるものに差がある今の法律（一部の組み合わせにしか許されない婚姻《こんいん》制度や、そもそもそれによって婚姻関係を特別なものにするということも）はおかしいんだよ。変えなきゃいけないんだって。それが「平和」だ。

〈親の離婚〉

今は全然珍しくないよね。私の娘は小三なんだけどね、知っているだけでもクラスに五人はいるって言ってた。今の子って、オープンだね。私の子どものころは、離婚した友だちがいたんだけど誰にも言わないでって打ち明けられた。普通に付き合っていた。その子はその子だから、家のことなんて関係ないもん。でも、お母さんが新しいお父さんと再婚することになって、名字が変わるかもしれないって時は、深刻に悩んでいた。うちは親身になるにも想像力が足りなくて「かわいそー」としか思えず、自分の限界を感じて、母親に話しちゃった。「おとなもいろいろだから」って言われて、妙に納得した。でも、親の離婚や再婚で子どもの名字が変わるのは、かわいそうだよね。子どもだけ別な戸籍にできないのかなぁ。

〈カップル〉

年老いて手をつないで歩いているカップルを「幸せそう」って思う人と、「あんなにいつまでも、相手を拘束しあうのはイヤ」って思う人がいる。私は後者。

子育てする時は、パートナーが必要だけど、終わったら、お互い自由に生きたらいいのに。

3

おとなになるって

「おとな」っていう言葉から、どんなことをイメージする？
おとなって仕事しなきゃだし、仕事ってストレスがたまりそう。
笑ってばかりはいられないよね、きっと。
無邪気に笑う子どもがうらやましかったりするのかな。
思いっきり遊べるころに戻りたいって思うこともあるのかも。
日焼けして真っ黒になって遊んでいる子を、
うらやましいと思って見つめているのかも。
おとなとか子どもとかの境界線、なくすればいいんじゃん。
一緒に生活して、できることをすればいいよ。
料理も、お手伝いじゃなく本気でできるって。
世の中を見つめているおとなは素敵だよね。
あんなおとなになりたいねって、自然に目標にしてるおとなっているよね。
おとなから見ても、年下でもカッコイイって思えるおとないるよ。
八〇歳なのに、無邪気に笑える人ってカッコイイ。
子ども生んでないけど、子どもの気持ちがわかる人になりたい。
一緒に考えたり、調べたり、好奇心がいっぱいある人。
歩くの好きな人って楽しい。
オシャレな人、大好き。お金なくてもセンス抜群の人。
結婚してても、ボーイフレンドいっぱいいるおばさん。

エッチなことじゃなく、まじめに性について語れるおやじ。
子どものくせにって言ったりしない人。
子どもに対してウソついたりしない人。

何かになりたいとか、どう生きたいとか、どこに住むのかとか、おとなになっても、まだ探求しつづけているんだ。

4

どこで、何してるのかなぁ

なんとなく、ここがふるさと

☆その時の彼氏のそばにいたかったから、アパートを彼氏んちの近くで探したけど、別れたら引っ越ししたくなった。男がらみで引っ越したの、これで五回目。
☆ストーカーだった男と一緒にいた土地には、足も踏み入れたくないな。
☆たまたま、結婚した時の相手のそばにと自分の職場に便利な場所に住んでいるけど、離婚したし、職場も変わったから、引っ越し先を探している。
☆南の島でぼーっと暮らしたいけど、どうしてって聞かれると怠け者《なまもの》かも。
☆都心の高層ビルで暮らしたいけど、何でって聞かれると見栄かも。
☆田舎暮らししたいけど、虫とか蛇とか嫌いだからムリかな。
☆牧場で暮らしたいけど、休みがない仕事だって聞いて、やめとこかな。
☆コンビニがあるとこじゃなきゃ。
☆海の近くで暮らしたかったけど、津波やっぱ怖いよね。
☆自給自足生活にあこがれるけど、食べられる野草とか、毒のある魚とかわかんないもんね。
☆日当たりのいい場所で白い家に、ピアノがあって、犬飼うって、なんかの歌だっけ。
☆海外に住みたいって思っているのに、語学の勉強が続かない。なさけない。
☆絶対外国人と結婚して外国籍がほしい。えーっ、男に求めるのは遺伝子だけ。
　みんな、いろいろ考えているのに、結局なんだかんだ、今の場所に住んでいるんだね。ここがふるさとってことじゃん。住む場所と住みたい場所って違うのかも。

どんな仕事してるのかなぁ

小さいころ、何になりたかったの？

私はスッチー、今は何て言うのかな？　でも、身長が伸びなかったからムリだった。美容師になりたいって人が、皮膚アレルギーのうえにシャンプー剤で湿疹でちゃって、あきらめたり。花屋さんになりたかった人が花粉症になったり、スポーツ選手になったのに心臓病になったり、一〇年も採用試験を受けつづけ教師になったばかりの人が、対人恐怖症うつになったり、ボクサーデビューした人がデビュー戦の一発でダウンして、ドクターストップかかって辞めなきゃいけなかったり。

人生の選択って、思ったとおりにいかないことがあるんだよね。

仕事って、何のためにするんだろう。やっぱりお金かな。人からの信用？　仕事仲間との仕事終わった後のビールがちょーうまいから？

カッコイイですよね、キャリアウーマン。あこがれるなー、警察の制服。ナースって、やさしいイメージだよね。

仕事はおもしろいと続くよね。今の仕事は、これまででいちばん楽しいかな。仕事のおもしろさって、いろんなところにあるんだよね。つまんないと思ってた仕事も、ちょっとやってみたら、ちょーおもしろくなったりね。おもしろくない仕事でも、人間関係がいいと続いたりね。自分にもできそうな仕事や職場に出会うまで転職してもいいと思うよ。

仕事って、生きている生業、つまり生きる業《わざ》ってことだよね。

5

未来地図——自分がおとなになった時

未来

将来どんな職業につきたいか。
どんなところで暮らしたいか。
どんな人たちと出会いたい。
どんな趣味を続けているのか。
どんな人たちに囲まれて生きていたいのか。
どんなペットを飼いたいか。
どんなふうに生きているか。
勉強ができる子も不安。
勉強ができない子も不安。
どっちが不安なのか、秤《はかり》はない。

夢

夢を実現させた人もいる。
夢に向かって歩きつづけている女もいる。
夢をあきらめた男もいる。
夢さえ見ないようにしている子もいる。

仕事

「仕事」から思いつく言葉をあげてみた。

就職・面接落ち・ラッキー・ショック・能力格差・学歴差別
生きがい・やりがい・お金のため・生活のため・生きるため
自分のため・家族のため・会社のため・客のため・同僚のため・仲間のため
過労死・リストラ・サービス残業・仕事人間・企業戦士・転勤・左遷《させん》・単身赴任《ふにん》
上司・親父ギャグ・ゴマすり・コネ・仕事の後の付き合い・めんどい
お茶くみ・男女差別・なんで制服・寿《ことぶき》退社・育児休業・親の介護
昇級・ボーナス・積み立て預金・保険・定年退職・退職金
信頼・理不尽・喜び・グチ・権利・組合・労働基準法
他に、どんな言葉を思いつく？
こういうこと、ちゃんと考えたことある？
周りのおとなはどうしてる？
それでいいと思う？

◎ 恋愛

「恋愛」から思いつく言葉なら、もっとあげられそうだよね。
バラ色・胸キュン・嫉妬・癒し・愛おしい・優しい・友情と恋愛
失恋・彼女／彼氏いない歴・同性が好き・異性が好き・性別問わず好き
DV／デートDV・出会いがない・親の賛成／反対
いまだに身分違い・恋愛しないとダメ？・恋愛が怖い・恋愛に興味ない
ケンカ・仲直り・キス・手をつなぐ・ハグ

セックス・セックスレス・浮気・不倫
離婚・再婚・別居・週末婚・事実婚・夫婦別姓
避妊・性感染症予防・ピルとコンドーム・人工妊娠中絶
信頼・対等・温かさ
まだまだあげられる？
このなかで、どれが大切？
全部大切？

◎誰かと一緒かな、一人かな

ずっと一緒だよねって約束しても、そんなわけないことはわかっているよ。あいつにはあいつのこれからがあり、俺には俺のこれからがある。中学卒業したら、寄宿舎のある学校に行くんだ。夢は競馬騎手だから。どうしても行きたい。

あいつはずっと親友でいてくれるって言ったけど、性格いいし、オシャレだから、彼氏とかできちゃうかも。あーっ、何言ってんの俺。実はまだあいつに告《こく》ってないんだよね。

ねぇ、親友と恋愛って、どこで区別するの。男と女の場合も、親友ってあるんだったら、もし俺があいつに告ってフラれたとしたら、親友として付き合えるのかなぁ。親友として付き合ってもらうって、アリかなぁ。親友として付き合うだけでいいじゃんって思ったり、ちょー葛藤。どうせ違う環境になったら、忘れられるかもしれないし。俺は、将来は誰かと暮らしているかな。それとも、一人かなぁ。

6
いつかは死

いつ？
七〇ぐらい。
一〇〇ってすごい。
そんなに生きるの、めんどくさい。
えーっ、もっと長く生きたいよ、亀ぐらい。

なんで？
寿命、
交通事故、
病気、
けが、
考えたこともなかった大災害。
人間の命のはかなさ。
人生の財産って？
大切な宝物って？
自分は何を持って逃げるのだろう。

どこで？
家で、
病院で、

老人ホームで。

自殺だけはしたくない。
殺されたりもしたくない。

生きかえるならば、
こんど生まれてくるならば、
猫になりたい。
自由じゃん、屋根にも登れるし。
鯨《くじら》がいいなぁ、海は広いし。
食べ物いっぱいあるじゃん。
女に生まれたい。
だって、子ども産めるんだもん。
すごいよね。
男に生まれたい。
立ちションしたい、気持ちよさそー。
でも、生まれ変われるかどうかなんてわからない。

だから今を、
今が大切。

今を生きる。
今を食べる、今を語る。
今を愛する、今を見つめる。
今があるから、未来がある。

おとなになって、人の悩み相談を受けることが増えた。
若くても、年老いても、女も男も、どっちの性か悩んでいる人も、
悩みのない人っていない。
おとなになりたかったけど、
おとなは勝手だし、気分で怒る。
いいかげんだし、ウソつきだし。

でも、おとなになる。
そして、いつかは必ず死を迎える。

だから、どう生きる?

COLUMN

つながる、やってみる、つづける

一七歳だったころ、毎日「俺は何やってんだろう」って思ってた。自分はそれなりに明るいキャラで通してたけど、学校でも家でも、あんまり居場所がなかった。いろんなこと、自分でも本当は気がついてた。毎朝みんなと同じように制服を着て学校に行くのだって、休み時間にみんなのはしゃいでるなかにいるのだって、いつも胃薬を持ってないと耐えられなかった。いろんなイヤなこと、なんでもないって思うようにしてたけど、自分がだんだんと食われていくような気がした。

そのころ、インターネットで毎晩のように、共感できる人たちのブログを読んでいた。「自分と同じだ！」と思えるようなブログやネットの掲示板を通して、いつかこの人たちに会いたいと思うようになった。よく「ネットは危ない」とか言うけど、ネットがなかったら生きてなかったと思う。それくらいハマった。

自分の場合、テレビで性同一性障害っていうのをやってて、「自分はこれだ」と思ったのがきっかけ。ずっと女子として扱われてきたけど、自分はどうして「こっち（女の側）」なんだろうと思うことが多かった。女の体で生きていくのも、女として社会のなかで生きていくのもムリで、毎日制服を着るのも吐きそうだった。こういう話って特別なことみたいに聞こえるかもしれないけど、みんなにとっての「当たり前」「フツー」が、自分にとって超ストレスになることって、ときどきあることだと思う。

ある晩、いつものブログでオフ会をやるって告知を見た。それまでリアルで自分と似たような人と話したことがなかったから、恐る恐る出かけていったんだ。期待していただけ、「ここでも受け入れてもらえなかったら、もう他に居場所がない」って思って、すごくキンチョーした。そうしたら、拍子《ひょうし》抜《ぬ》けするくらい、みんなフレンドリーに接してくれた（合わないなと思っても、いくつか当たれば、フィットするところが見つかると思う）。

それから三〇代くらいの友だちがいっきに増えて、世界が広がった。男でも女でもない人や、会社員やアート系や自営業の人や、もうとにかく、いろんな友だちが増えた。自分がこれまで共感してもらえなかったことも、「そうそう」とわかってくれたり、あるいは話しているなかで「この人のここは、全然わかんねーな」と思うことがあっても、「そこが面白いよね」って思えるようなあったかい雰囲気があった。これまで、したくてもできなかったこと（海パンにTシャツで泳いだり、男っぽい名前で生活したり）も意外とできちゃうことがわかった。

学校と家とを往復してた時って、やっぱり世界が狭かった。おとなって意外といいかげんんで、ハチャメチャでも生きていけるんだなって思った。「寝て起きて、食べて、息してればいいのよ」って言われて、そんなテキトーでいいのかと思ったけど、安心したよね。世界が広くなって、俺は前よりテキトーになって、本当にぶっちゃけられる友だちがたくさんできた。「けがの功名《こうみょう》」っていうか、自分が多数派の人たちとズレてたから、これだけ世界が広がったんじゃないかと思うと、不思議だよね（笑）。

7 自分の庭をつくるんだ

今、自分んちが落ち着かないから、友だちんちにいる。
いつか、自分の庭をつくる。
今は、お金も時間も微妙だけど、
働いて自分のお金を自分で手に入れることができれば、
自分の庭ができる。
逃げたり、行き場所探したりしなくても、
ちゃんと、自分が落ち着くことができる場所を、自分でつくれるようになるよ。
だから、そのために、どんな武器でこのダンジョンを戦っていこうか。
傘？　なべぶた？　フライパン？
身近にあって、いざという時に身を守れるものは確認しておこうっと。
学歴？　就職先？　奨学金？　アルバイト？
次の一歩を着実に踏み出せる武器は何だ!?
いちばん大切なのは、庭づくりのための設計図。
悲しくて、めんどくさくて、設計図どころじゃない！
何ができるかわかんなすぎて、何にも描けない！
未来に期待できるのかわかんないって思ったりしたけど、
俺は、ふと、ベッドとソファーがあったらいいなって思ったんだ。
みんなでシェアハウスに住まない？
俺的には、君と誰かと三人で住むのが理想。

追伸

こんな時はここへ

どこでも
秘密は守って
くれるよ

☎ チャイルドライン

0120-99-7777　(無料)

＊毎週月～土曜日　午後4時～午後9時

http://www.childline.or.jp/

＜チャイルドライン４つの約束＞

1．ヒミツはまもるよ
2．名前はいわなくてもいい
3．どんなことでも、一緒に考える
4．切りたいときには、切っていい

☎ 日本いのちの電話

0570-783-556　(ナビダイヤル)

＊午前10時～午後10時

0120-738-556　(毎月10日は無料)

＊午後8時～翌日午前8時

http://www.find-j.jp/

☎ 法務省 子どもの人権110番

0120-007-110　(無料)

＊午前8時30分～午後5時15分

http://www.moj.go.jp/JINKEN/jinken112.html

◎ 利用する前に

一度、深呼吸。水を置いておこうか、話がうまくできずに息が詰まっちゃうかもしれないし。親がいない時に、うるさくないところで、電話してみよう。

話し方って、こだわるよね。わざと声変えなくても大丈夫。やさしいだけの声の人って、ちょっと引いちゃうね。いっぱい聞かれると怖いよね。でも、聞くのは慣れている人だから大丈夫。ゆっくり話すペースでゆっくり聞いてくれるとうれしい。高い声の人より低い声の女の人が好き。そんなふうに自分のイメージをもっておくといいよ。どうせ話したって、って思っちゃうのは、やさしすぎるおとなって信じられなかったとか、いっぱい聞かれたけど意味なかったとか、これまでの経験が苦手意識になってるんだもんね。

ありのまま、自分の思いを伝えてみよう。ダメだったら、また違うとこを探そう！

◎ 何を話してもいいの？

☆友だちとケンカしちゃった
☆学校に行きたくない
☆よく眠れないんだけど
☆別れた母親に会いたい
☆外国籍だけど進学できるのか
☆セックスしたこと学校にバレたけど、どうしたらいいの
☆いじめの慰謝料《いしゃりょう》は
☆親がうつなんだけど
☆学校に通うお金がない
☆お父さんからエッチなことされる

☆ケータイ代が高くなった
☆彼女から殴られる
☆ペニスが小さい
☆友だちが妊娠したかも
☆万引きしちゃった
☆ストーカーされているかも
☆先生に殴られた
☆友だちからゆすられる

なんでもいいの、一度連絡してみて。必ず専門的な相談口につないでくれるから。電話したところでダメそうだったら、切っても大丈夫。電話したところでダメだったら、次の連絡先を聞いておくといいよ。

あとがき

本書『思春期サバイバル――10代の時って考えることが多くなる気がするわけ。』を最後までお読みいただき、ありがとうございます。いろんなところに共感したり、新しい発見があったり、疑問に思ったりしながら読んでくれたら嬉しいなと思っています。

この本は、思春期の若者とさまざまな形で関わりをもっている「元若者たち」（つまりは、おとなたち）が執筆チームを組んで作りました。年齢も職業も違う、でも向いている方向は同じの個性豊かな四人が、ワイワイ議論をしながら手を加えて作りました。いろんな文体や言葉づかいがごちゃ混ぜになっているのはそのためです。でも、こうやっていくつもの個性が混ざり合った本もおもしろいのではないかと感じています。

最初にはるか書房の小倉修さんからこの本の企画をいただいた時は、「若者が手にとって読んでくれるセクシュアルマイノリティについての本を」というお話でしたが、セクシュアルマイノリティが直面する問題について考えることは誰もが生きやすい世の中について考えていくことだということ、さらに、セクシュアルマイノリティであるかないかに限らず、誰もがみんな「多様性」のなかで生きているんだということを描きたいという強い思いが湧いてきました。

そこで、セクシュアリティの多様性ということをこの本の柱の一つにしつつも、思春期の若者が抱えるさまざまな思いや疑問などに広がりをもたせた、これまでにない新しい本を作ろうということになりました。

制作チーム名の「ここから探検隊」には、「こころとからだ」と「いま自分がいるここから始めよう」という意味をこめました。私たち四人も、これを読んでいるみなさんと同じように、思春期をすんなり通りすぎてきたわけではなく、いろんな壁にぶつかって、いろんな「フツー」からハズれ、もがきながら生きてきました。そして、いまも同じように試行錯誤しながら、この時代をサバイバルしています。でも、いま現在、思春期にいるみなさんには、もうちょっと自由に、安心して悩みながら生きていってほしいなという思いがあります。

この本を読みながら、私たちと一緒に、悩んで、疑問をもって、腹を立てて、泣いて、笑って、そして、これを一緒に読んだ友だちやおとなの人たちと、あーだこーだ、ワイワイガヤガヤ、ウダウダ、しんみり、じっくりと、語り合ってほしいなと思っています。いま直面しているさまざまな問題を自分ひとりで抱えるのではなく、みんなで少しずつでも分け合いながら、生きぬくエネルギーを蓄えてほしいなと思います。それが、すんなりとは生きていけないこの社会をちょっとずつでも変えていける力になったら、とっても嬉しいです。

最後になりましたが、本書の企画をご提案いただき、辛抱強く原稿を待ってくださり、個性豊かな執筆陣をまとめてくださったはるか書房の小倉修さん、本書に素敵なイラストを添えてくださった丸小野共生さんに、厚くお礼申しあげます。

二〇一三年八月

ここから探検隊一同

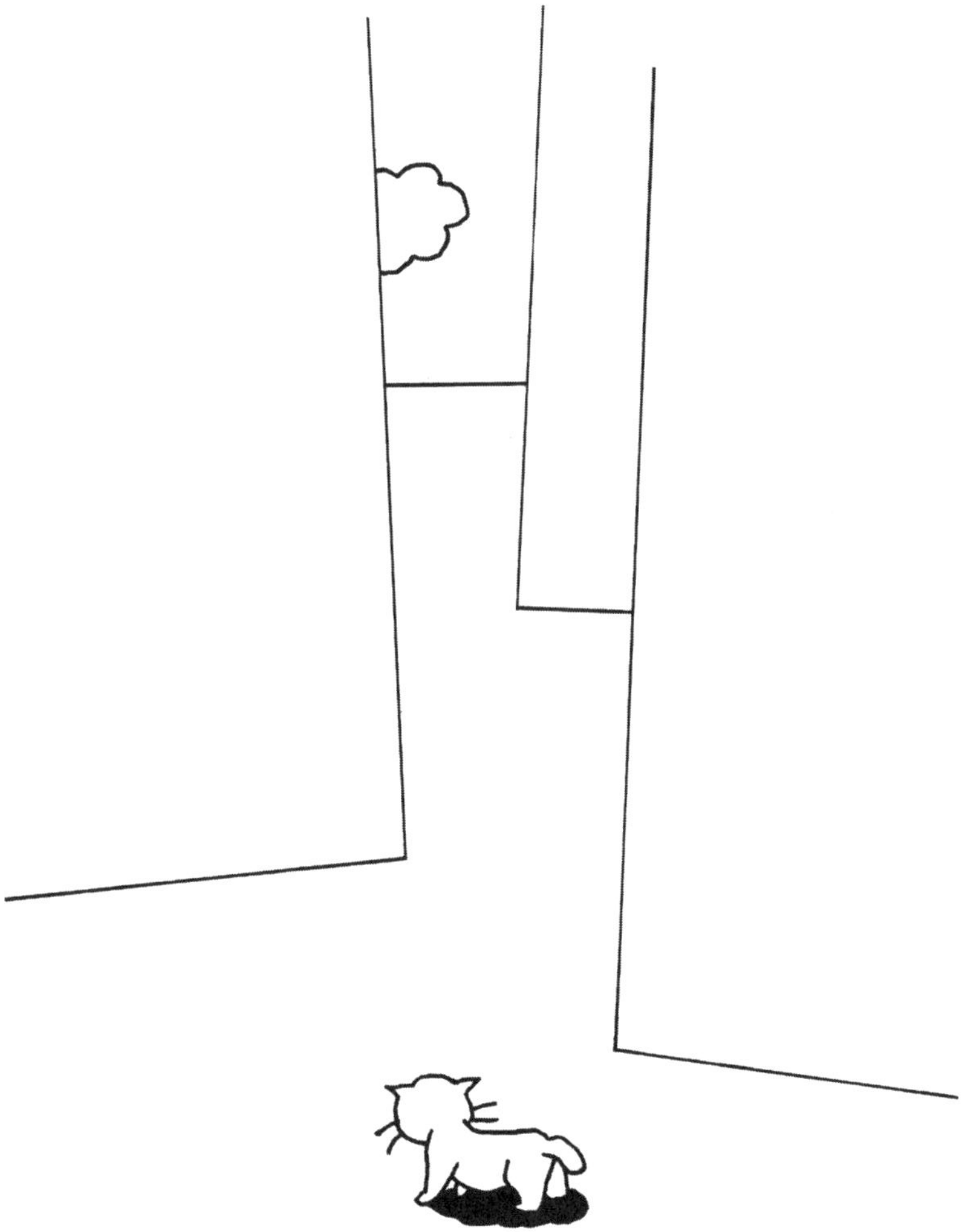

ここから探検隊
メンバープロフィール

●

遠藤まめた

生まれた性別は女だけど、どっちかというと男のほうが近いっぽい。でも、ぼちぼち男から降りてます。区役所で、みんなの健康を守る仕事をしています。廃墟とギターが好き。セクシュアルマイノリティの若者の相談しやすい環境をつくろうと、いろんなところに出没して、話をしたりしてます。

●

金子由美子

いま中高生の学習支援教室の運営にたずさわりながら、ある時は性教育の研究グループで編集長、思春期を研究する学会の理事、家族支援のカウンセラー、若者の自立支援ルームの世話役等々、子どもに関わることで走り回っています。子どもや若者や保護者に届けるための書籍もたくさん出版しています。神出鬼没って言われますが、止まっているのが苦手なんです。

●

武田明恵

約6年、10代の人が年間のべ1万人くるフリースペース（東京都エイズ啓発拠点ふぉー・てぃー）の運営をしました。毎日わいわい楽しく過ごし、この本に書いてあるような話をするにつれ、こんな仕事をずっと続けたいな、と思うようになりました。それで、28歳で転職し（試験を受け）て、現在は保護観察官として働いています。

●

渡辺大輔

大学教員で、専門は教育学。性教育やジェンダー／セクシュアリティに関する教育の問題について研究しています。すべてのセクシュアリティの子どもたちが生きやすくなれるような授業を、中学校や高校の先生方と一緒に考えて創っています。たまに授業の中でゲイであることをカミングアウトしています。研究室は性の多様性を表すレインボーカラーでいっぱいです。

制作者紹介

ここから探検隊（ここからたんけんたい）

●

遠藤まめた（えんどう　まめた）

金子由美子（かねこ　ゆみこ）

武田明恵（たけだ　あきえ）

渡辺大輔（わたなべ　だいすけ）

メンバープロフィールは右ページ参照。

思春期サバイバル

――10代の時って考えることが多くなる気がするわけ。

二〇一三年　九月一五日　第一版第一刷発行
二〇一九年一〇月一五日　第一版第三刷発行

制作者　ここから探検隊

発行人　小倉　修

発行元　はるか書房
東京都千代田区神田三崎町二―一九―八　杉山ビル
TEL〇三―三二六四―六八九八
FAX〇三―三二六四―六九九二

発売元　星雲社
東京都文京区水道一―三―三〇
TEL〇三―三八六八―三二七五

装幀者　丸小野共生

製　作　シナノ

定価はカバーに表示してあります
落丁・乱丁本はお取り替えいたします
ISBN978-4-434-18301-0　C0036